Aylie Lonmon

111 Geschäfte
in Mailand, die man
erlebt haben
muss

H0060739

Ich danke den Ladeninhabern für ihre Interviews und Einblicke, die sie mir in zum Teil ganz neue Welten gegeben haben.

Bibliografische Information der Deutschen Nationalbibliothek
Die Deutsche Nationalbibliothek verzeichnet diese Publikation
in der Deutschen Nationalbibliografie; detaillierte bibliografische
Daten sind im Internet über http://dnb.d-nb.de abrufbar.

© Emons Verlag GmbH
Alle Rechte vorbehalten
Fotografien © Aylie Lonmon, außer Antik Arte e Scienza (© Daniela Giorgi,
S. 21), Bottega Cecé Casile (© Federico Guarino, S. 37), Cacao-lab (S. 45),
Maura Coscia (© Lorenzo Marioni, S. 145) , Raimondo Garau (S. 179),
Tortatelier (S. 215), Zeus (S. 231)
Lektorat: Monika Elisa Schurr
Redaktion: TIZIAN Books
Satz und digitale Bearbeitung: Gerd Wiechcinski, nach einem Konzept von
Lübbeke | Naumann | Thoben
Kartografie: altancicek.design, www.altancicek.de
Kartenbasisinformationen aus Openstreetmap, © OpenStreetMap-Mitwirkende, ODbL
Druck und Bindung: B.O.S.S Druck und Medien GmbH, Goch
Printed in Germany 2015
ISBN 978-3-95451-639-1

Unser Newsletter informiert Sie
regelmäßig über Neues von emons:
Kostenlos bestellen unter
www.emons-verlag.de

Vorwort

Mailand, die »heimliche Hauptstadt Italiens«, hat jüngst einen Wandel erlebt wie kaum eine zweite Stadt. Es kommen immer mehr Besucher, die nicht nur Business im Sinn haben, sondern Milanos Schönheiten entdecken möchten, nicht zuletzt auf verborgenen Pfaden abseits des Touristen-Mainstream.

Jahrzehntelang wuchs die Stadt in die Breite, nun auch in die Höhe: Ein utopistisch anmutendes Hochhausviertel wurde zwischen der klassizistischen Porta Garibaldi und dem Arbeiterviertel Isola hochgezogen. Tradition und Gegenwart treffen überall aufeinander – auch in der Welt des Shoppings.

Hypermoderne, auf Hochglanz gestylte Luxusläden locken Fashion Victims aus aller Welt ins »Goldene Karree«. Doch existieren auch noch Geschäfte, in denen die Zeit stehengeblieben ist. Die Stadt verleiht solchen Häusern, die seit über 50 Jahren in Familienbesitz sind, dieselben Waren führen und ihre antike Einrichtung beibehalten haben, offiziell das Prädikat »Historischer Laden«. So will sie helfen, Generationen von Wissen und Können zu bewahren.

Leider müssen auch viele neu eröffnete Geschäfte wegen hoher Mieten und aggressiver Ketten schließen. Trotz Krise wagen jedoch immer wieder auch Quereinsteiger den Sprung: Akademiker und Angestellte machen sich selbstständig und beginnen ein zweites Leben in neuer Mission. Viele gründen Concept Stores, denn ein breit gefächertes Angebot verspricht Verkaufschancen.

Dieser Guide führt Sie in verschiedene Stadtteile mit ganz unterschiedlichen Gesichtern, oft abseits der üblichen Routen: etwa in die »Cinque Vie«, Zentrum des römischen Mediolanum, in denen sich Designer, Handwerker und Künstler angesiedelt haben, oder in die romantischen Hinterhöfe des Navigli-Viertels. Die Liebe vieler Selbstentschleuniger gilt nicht nur Slow Food, sondern auch »Slow Manufacture«. Entdecken Sie die Geschwindigkeit, aber auch die Langsamkeit einer faszinierenden Stadt.

111 Geschäfte

1___»00« Giò Fornaio del Corso

Backen mit Bewusstsein

Von außen unterscheidet sich diese Bäckerei nicht von anderen, aber drinnen gärt nicht nur der Teig, sondern auch ein wachsendes Bewusstsein. In der langen Glastheke liegen Kekse, Kuchen, Pizzen, Focaccias, Grissini, in den Körben dahinter verschiedene Brotsorten, darunter auch Sauerteigbrot, was in Italien rar ist.

Mit 14 Jahren hatte er begonnen, bei seinem Onkel zu lernen; mit 22 eröffnete Giovanni Manzoni seine eigenen Backstube. Das war 1993. Von Anfang an verzichtete er auf Schmalz, Tresteröl oder Zusatzstoffe. Brot, Pizza und Focaccia werden bei ihm am Vortag angesetzt und erst nach Teigruhe und -reife, ohne sogenannte Beschleuniger, in den Ofen geschoben. Vor ein paar Jahren schenkte ihm ein französischer Bäckerfreund etwas Sauerteig. Zunächst buk er daraus kleine Brotmengen für den Laden, dann für private Einkaufsgemeinschaften. Eine begeisterte Kundin stellte den Kontakt zum »DESR« her – ein Projekt zur Erhaltung und Wiederbelebung der Landwirtschaft im Parco Agricolo Sud, südlich von Mailand. Seit zwei Jahren bezieht Giò nun Mehl aus elf alten, biologisch angebauten Getreidesorten direkt von einer Mühle im »Parco Sud«.

Zweimal die Woche backt er aus dieser Mehlmischung Brot und Kekse. An den anderen Tagen gibt es abwechselnd Vollkorn-, Roggen- oder Sojabrot, ebenfalls auf Sauerteigbasis. Anfangs waren es nur wenige Laibe, doch bald explodierte die Nachfrage. Inzwischen backt Giò mit seinen Helfern Ali aus Mali und Sulymani aus Afghanistan für mehrere Foodcoops. Auch in seinem Laden fragen immer mehr Menschen nach natürlichem Brot. Sehr beliebt sind aber auch seine »francesini«, ein knuspriges Weißbrot, das abends um sechs frisch aus dem Ofen kommt. An Weihnachten gibt es den traditionellen Panettone, an Ostern die Colomba – natürlich aus dem Elf-Körner-Mehl und Sauerteig.

Giovannis stiller Traum? Zurück auf seinen Bauernhof zu ziehen und dort auf dem Land seine Backstube zu eröffnen.

Adresse Corso San Gottardo 12, 20136 Mailand, Tel. +39/02/8322649, giofornaio@gmail.com | **Anfahrt** Tram 9, Haltestelle Piazza Ventiquattro Maggio; Tram 3, Haltestelle Corso S. Gottardo Via Lagrange | **Öffnungszeiten** Mo–Sa 7–19.30 Uhr

2 Al Pascià

Rauch langsam

Ende der 1980er Jahre übernahm das Ehepaar Sportelli den heute über 100 Jahre alten Pfeifenladen. Nach und nach sind die beiden Söhne Cosimo und Leonardo hineingewachsen und managen ihn heute gemeinsam mit ihren Eltern. Das Sortiment an Pfeifen ist riesig, genauso die Vielfalt an Formen und Variationen. Für viele der Modelle besitzen die Sportellis das Alleinverkaufsrecht. Sie kommen aus kleinen und großen Manufakturen der ganzen Welt. Außerdem lassen sie Pfeifen in Frankreich, Dänemark, Niederlande und Italien herstellen und verbinden so italienisches Design mit den Traditionen anderer Länder in ihrem eigenen Brand. Die meisten Pfeifen, ob handgemacht oder maschinell gefertigt, sind aus Bruyèreholz. Von »Anfängerpfeifen« für wenig Geld bis zu hochpreisigen Sammlerstücken bietet Al Pascià außer Tabak – der ist in Italien Staatsmonopol – alles, was ein Schmaucherherz begehrt: Stopfer, Ständer, Anzünder und Aschenbecher.

Mittlerweile ist Al Pascià auch auf Lederwaren spezialisiert: Ein Kunde kam mit der Idee, auch Lederetuis und -taschen für Tabak und Pfeifen zu produzieren. Schnell wuchsen Nachfrage und Angebot: Brieftaschen für den Herrn, für die Dame ein Portemonnaie. Taschen und Koffer kamen hinzu. Die gut verarbeiteten Stücke fertigen traditionelle Handwerksbetriebe in der Toskana. Jetzt kommen die Männer nicht mehr allein!

Überhaupt sind die beiden Brüder unternehmungslustig und haben das uralte Handwerk mit hochmoderner Kommunikation gemixt. 2012 starteten sie auch die Idee der »Running Pipe Tour«, eine Art Staffellauf, bei der eine Pfeife in Etappen von Handwerkern aus Italien, Frankreich, Deutschland und Dänemark gefertigt und für ein Afrikaprojekt versteigert wurde. Eigentlich paradox, wo doch Pfeife rauchen Zeit erfordert. Es ist ein *Slow*-Ritual, das sich unserer hastigen Gesellschaft genussvoll entgegensetzt.

Adresse Via Torino 61, 20123 Mailand, Tel. +39/02/86450597, www.alpascia.com und www.alpascialeather.com, info@alpascia.com | **Anfahrt** Metro M 1, Haltestelle Duomo; Tram 2, 14, Haltestelle Via Torino/Via Santa Maria Valle | **Öffnungszeiten** Mo 15–19.30 Uhr (Juni und Juli Mo geschlossen), Di–Fr 9.30–13.30 und 15–19.30 Uhr, Sa 9.30–19.30 Uhr

3 Altai

Zurück zur Urform

Wie Bilder in einer Kunstgalerie hängen diese raren Teppiche an der Wand. Es sind antike Nomadenteppiche, über 100 Jahre alt und begehrte Sammlerstücke. Raffaele Carrieri hat vor etwa 20 Jahren seine ersten Teppiche in Kurdistan gekauft und seitdem eine imposante Sammlung von Stücken 19 verschiedener Nomadenstämme zusammengetragen: Filzteppiche aus Zentralanatolien, Beni-Ouarain-Berberteppiche aus Wolle mit abstrakten Mustern, kurdische Kilim Kirçil, Matten aus Palmenholz und Dromedarleder aus der Sahara, flammende Teppiche der Zoroastrier.

In einer Diagonale von Nordeurasien über Zentral- und Vorderasien bis zu den Halbwüsten, Steppen und Savannen Nordafrikas war der Nomadismus verbreitet. Die Teppiche dienten als Schutz vor Wärme und Kälte, als Mitgift und für Gebete. Die frühesten waren aus Filz hergestellt, als die Menschen weder weben noch knüpfen konnten. Nur wenige uralte, überlieferte Symbole für Wasser, Himmelsrichtungen oder Schutz zieren sie. Manche Motive erinnern an Felsenmalerei. Sie sind viel älter und unterscheiden sich von den reich gemusterten Perserteppichen. 2.000 Jahre lang wurden dieselben symbolischen Zeichen unverändert von einer Generation an die nächste weitergegeben. Diese so archaischen schmucklosen Teppiche wirken jedoch unglaublich modern. »Heute sind solche Exemplare mit ihrer Motivik und Ursprache bei Innenarchitekten sehr gesucht.«

Darüber hinaus lässt Carrieri in einem Atelier in Usbekistan für Kunden aus der ganzen Welt »Custom Rugs« – Teppiche, die auf Wunsch angefertigt werden – herstellen. 40 Weberinnen und 80 Knüpferinnen arbeiten dort ausschließlich mit hochwertigen natürlichen Materialien unter fairen Bedingungen. Ein Anthropologe, der über die alten Namad-Filzteppiche aus Sistan forscht, einer unzugänglichen Gegend zwischen Iran und Afghanistan, komplettiert kundig Carrieris Team und trägt zur Vollkommenheit von Altais Teppichkunst bei.

Adresse Via Pinamonte da Vimercate 6, 20121 Mailand, Tel. +39/02/29062472, www.altai.it, info@altai.it | **Anfahrt** Metro M 2, Haltestelle Moscova | **Öffnungszeiten** Di−Sa 9.30−13 und 15−19.30 Uhr

4__Altalen

Kunst auf den Kopf!

3 in 1, Showroom, Werkstatt und Ausstellungsraum: Gleich am Eingang grinst ein Dinosaurier aus Pappmaschee mit einem fabelhaften Kopfputz. Spielerische Glockenhüte, elegante Turbane und andere Kreationen hängen und liegen überall und verdrehen Neugierigen gehörig den Scheitel. Durch das offene Regal blicken Sie ins Atelier. Bunte Bänder, Federn, Schleifen und Tüll warten auf ihre Verarbeitung. An den Wänden hängen Fotos von kunstvoll abgelichteten Hüten.

Die Inhaberinnen? Elena Todros – von Haus aus Stylistin und Moderedakteurin, Antonina De Luca, Bühnen- und Kostümbildnerin. Als Autodidaktin begann Antonina Hüte zu entwerfen, denn dabei konnte sie in Miniatur alles hineinarbeiten, was ein Bühnenbild ausmacht. Seit drei Jahren führen die beiden Frauen ihren eigenen Laden. Elena managt und kümmert sich um Kommunikation, während Antonina für ihre fabelhaften Kopfbedeckungen weiterhin Inspiration in der Film- und Theaterwelt sucht. Für sie sind es eine Art »Bühnenbilder auf Beinen«. Sie entwirft ständig neue Unikate und bedauert, dass die Mailänderinnen leider nicht so spritzig seien wie die New Yorkerinnen – was gewagten Kopfputz angeht.

Doch nicht alle ihre Textilmetamorphosen sind exzentrisch. Egal ob Fascinator, Strohhut, Tiroler oder Turban, es gibt auch viele tragbare Hüte für jeden Geschmack und Anlass: »Wenn man erst einmal gelernt hat, einen Hut zu tragen, kommt man ohne kaum mehr aus! Männer bekommen hier Melonen, Trilbys, klassische Musikerhüte aus der Blues-, Jazz- und Ska-Szene sowie die ›Coppola‹, eine Art Schirmmütze, und weiche Fedoras aus Filz.«

Einst hatte Italien eine große Huttradition, heute ist das Modistenhandwerk rar. Leider können nur noch wenige einen Hut von Hand anfertigen. Doch die Lust auf Handgemachtes nimmt wieder zu. Zu den Kunden gehören Künstler, Musiker und Leute, die viel reisen und offen für Schönes sind: denn für manch einen Hut braucht man auch Mut.

Adresse Via Benvenuto Cellini 21, 20129 Mailand, Tel. +39/02/87034435, www.altalen.it, atelier@altalen.it | **Anfahrt** Tram 9, Haltestelle Viale Premuda | **Öffnungszeiten** Di – Fr 10.30 – 13.30 und 15.30 – 19.30 Uhr, Sa nach Vereinbarung

5 AMP
Gut zu Fuß

Viel Zeit braucht man für einen handgefertigten Schuh! Zuerst werden diverse Maße genommen – nachmittags, denn am Morgen ist der Fuß kleiner. Typ und Modell werden besprochen, um die Leisten zu fertigen, auf denen dann die Probeschuhe mit »Gucklöchern« erstellt werden. Wenn sie passen, kann es losgehen mit der Auswahl des Leders und der Herstellung der Schuhe. Normalerweise vergehen dabei rund sechs Monate, in extrem dringenden Fällen mindestens zwei. Billig sind diese Gehwerke nicht, aber sie begleiten einen bei guter Pflege ein langes Stück durchs Leben und können auseinandermontiert und wieder aufgebaut werden.

»Wer sich Schuhe machen lässt, hat es meist nicht eilig, denn im Grunde braucht er sie gar nicht. Ich kenne Fetischisten, die ihre Schuhe nie anziehen, sondern sich nur an ihrem Anblick erfreuen«, erzählt Antonio Pio Mele, dessen Familie 40 Jahre lang in Apulien Schuhe produzierte. Zwischen Maschinen und Lederhaufen ist er groß geworden und brachte es zum Produktionsdirektor in Vaters Betrieb. Die industrielle Herstellung interessierte ihn jedoch weniger; so ging er nach England, um sich das Handwerk anzueignen. Dort lernte er bei diversen Schuhmachern, die auch für renommierte Schuhgeschäfte arbeiteten, bevor er in Italien zum strengsten aller Lehrer kam: einem dickköpfigen Sizilianer, der nicht perfekte Treter einfach durchschnitt und ihn wieder von vorn beginnen ließ.

Pio Mele empfängt seine Kunden in einem kleinen Salon, in dem ein paar seiner Fußkunstwerke ausgestellt sind. Die meisten Kunden wissen bereits sehr genau, was sie wollen. Hinter einem Vorhang liegt seine kleine Werkstatt; seine fünf Mitarbeiter jedoch beschäftigt er in Vigevano, der ehemaligen Hauptstadt für Männerschuhe. Jeden Tag flitzt er hin, um alles unter Kontrolle zu haben. In seinen Augen ist »der Gehkomfort das Wichtigste, denn schließlich müssen uns unsere Füße durchs Leben tragen«.

Adresse Via Soncino 3, 20123 Mailand, signorilescarpe@gmail.com | **Anfahrt** Metro M 1, Haltestelle Duomo; Tram 2, 14, Haltestelle Torino Santa Maria Valle | **Öffnungszeiten** nur nach Vereinbarung per E-Mail

6__Antik Arte e Scienza
Immer orientiert

Ein ungewöhnliches Ambiente mit einer noch ungewöhnlicheren Inhaberin. Daniela Giorgi empfängt ihre Kunden zwischen alten Globen und mechanischen Planetenmodellen oder Armillarsphären – Letztere dienten der Darstellung der Bewegung von Himmelskörpern. Seit fast 30 Jahren trägt die technikbegeisterte Dame nautische Antiquitäten und wissenschaftliche Instrumente zusammen. Die Tochter eines Mechanikers war einst in Dänemark zufällig auf ein Antiquitätengeschäft mit technischen Geräten gestoßen. Fasziniert von den Sammlerstücken erwarb sie etliche von ihnen und nahm sie mit nach Italien. Kurz entschlossen zog die junge Frau von Bologna nach Mailand, wo es zwar viele Antiquare gab, aber keinen, der auf wissenschaftliche Instrumente spezialisiert war. Dank ihrem handwerklichen Geschick nahm sie ihre ersten Stücke selbst auseinander, um sie zu restaurieren, und lernte dabei viel über Technik und technologische Entwicklung. Heute betreibt sie eine kleine Werkstatt im Hinterhof, in der zwei Restauratoren alle Gerätschaften reinigen und funktionsfähig machen.

Unter Daniela Giorgis mechanischen Juwelen finden Sie nautische, geodätische, astronomische und medizinische Instrumente. Die vielen passionierten Mailänder Segler finden hier Schiffsmodelle, Gemälde und Bilder von Booten, Fernrohre, Galionsfiguren, Sextanten und Kompasse. Auf Wetterfreaks und Meteorologen warten Barometer, Windmesser und Hygrometer. Die Vitrinen bergen chirurgisches Zubehör: ein Set aus dem ersten Weltkrieg, ein bildschönes Köfferchen mit Zahnarztzangen, bei denen Sie das kalte Grausen packt, didaktische Anatomiemodelle, Körperteile mit Pathologien. Deutlich gefälliger sind die großen, bunten, auseinandermontierbaren botanischen Modelle: Blüten und Früchte aus Pappmaschee oder Gips.

Eine Schatzkammer für Nautikfans, Wissenschaftler, Mediziner und Astronomen und alle, die sich auf eine historische Zeitreise ihres Berufs begeben möchten.

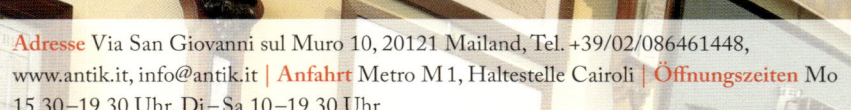

Adresse Via San Giovanni sul Muro 10, 20121 Mailand, Tel. +39/02/086461448, www.antik.it, info@antik.it | **Anfahrt** Metro M1, Haltestelle Cairoli | **Öffnungszeiten** Mo 15.30–19.30 Uhr, Di–Sa 10–19.30 Uhr

7__Arte del Ricevere

Tee von neun Zungen

Es empfängt Sie: ein vielsprachiges Team von Teekennern. Arte del Ricevere, das sind die in Deutschland aufgewachsene Eritreerin Haben Berhe, die vielsprachige Litauerin und Japanologie-Studentin Jurga Pociute, der japanisch-peruanische Taekwondolehrer Dieter Ramirez Tinoku und Ladeninhaber Roberto Merluzzi. Zusammen sprechen sie neun Sprachen. Auch das gehört zu ihrer »Kunst des Empfangens«, wie ihr Laden auf Deutsch heißt. Die vier verbindet die Liebe zum Tee.

Einst musste Roberto, 13-jährig, ein Referat über Indochina halten. So bekam er den Anstoß, in Mailand Geschäfte zu suchen, die nicht nur Teebeutel boten. Als er 2010 das Arte del Ricevere übernahm, schloss sich für ihn ein Kreis. Bevor Jurga diesen Laden entdeckte, brachte sie ihren Tee aus Vilnius mit nach Mailand. Dieter hat die Teekultur von seinem koreanischen Taekwondomeister übernommen. Und Teetrinkerin Haben suchte einen Nebenjob zum BWL-Studium.

Gemeinsam suchen sie besondere Sorten mit Geschichte. Chinesische Tees etwa haben poetische Namen, sind Bergen, der Natur oder Göttern gewidmet. Vor allem Jurga versucht, diese Hintergründe aufzuspüren. Begeistert zeigt sie auf eine Lampe mit einem chinesischen Ideogramm. »Erst heute haben wir entdeckt, was es bedeutet: nämlich Song. Während der Song-Dynastie (960–1279) erlebte das goldene Zeitalter des Tees eine Weiterentwicklung. Für uns ein gutes Zeichen: Die Blütezeit des Tees ist nicht vorbei!«

250 Teesorten werden hier geboten und alles, was Sie brauchen, um ihn richtig zu servieren. Tassen, Kannen, schöne Dosen. Sie werden beraten und dürfen auch probieren: zum Beispiel Yue Guang Bai, ein weißer Biotee in Teacakeform oder Gyokuro Heavenly Meadow, ein japanischer Grüntee. Die Teeziegel aus gepresstem Tee allerdings bricht man nicht an. Sie werden mit dem Alter wertvoller und galten früher sogar als Zahlungsmittel. Was sehr wohl anbricht, ist die Blütezeit Ihrer Geschmacksknospen.

Adresse Via Macedonio Melloni 35, 20129 Mailand, Tel. +39/02/715442,
www.artedelricevere.com, artedelricevere@ar-tea.it | **Anfahrt** Bus 54, 61, Haltestelle Corso
Indipendenza Via Bronzetti | **Öffnungszeiten** Di–Sa 10–14 und 15–19 Uhr

8_ Artisanal

Ikonen männlicher Eleganz

Für Lidia Pellecchia sind Schuhe und Krawatten Ikonen männlicher Eleganz. Bevor sie sich vor drei Jahren mit ihrer Herrenboutique im Herzen des alten Mailand selbstständig machte, arbeitete die studierte Kunsthistorikerin für eine Firma, die maßgeschneiderte Herrenschuhe herstellte.

Bei ihr finden Sie ausschließlich exklusives Handwerk: selbst entworfene Herrenschuhe, darunter auch ein paar Modelle für Damen, die sich individuell gestalten lassen. Auf Wunsch wird das Gehwerk auch komplett maßangefertigt. Ausgewählte Stücke anderer Hersteller, wie etwa Schuhe von Edward Green, ergänzen das Angebot.

Fünf Schuhmacher hat Lidia aufgetan, die das Handwerk beherrschen. Zwei kommen aus Bologna, zwei aus Florenz und einer aus Rom. »Jeder von ihnen ist ein Künstler, und jeder hat seinen persönlichen Stil. Sie sind jung, ihre Kunst basiert zwar auf Tradition, ist aber nicht verstaubt oder altmodisch.« Möchte sich ein Kunde Schuhe maßschneidern lassen, nimmt Lidia zu dem Schuster Kontakt auf, dessen Machart am besten passt. Mindestens dreimal reist er an, um die Maße zu nehmen und das Modell zu entwickeln, für die Anprobe des Probeschuhs und für die Fertigstellung.

Exklusiv sind auch die drei- bis siebenlagigen Krawatten, in den verschiedensten Mustern und Farben, die Lidia in ihrer Heimatstadt Neapel nähen lässt. Meist sind sie aus Seide oder Seidengaze aus Como gefertigt, teils kommen die Stoffe auch aus England – die englische Seide gilt als sehr robust. Gern berät Lidia die Herrschaften, macht sich ein Bild ihrer Persönlichkeit und hängt ihnen schließlich den richtigen Schlips um den Hals. Auch diesen gibt es maßgeschneidert.

Lidias Kreationen wirken leicht retro, nicht zu klassisch und sind versehen mit einer Prise Extravaganz. »Eleganz und Individualität sieht man an den Details.« Darum finden Sie bei ihr auch alte Manschettenknöpfe aus England und neue aus Paris – und garantiert das Richtige von Hals bis Fuß.

Adresse Via Santa Marta 15, 20123 Mailand, Tel. +39/02/3675241, www.artisanal-sumisura.com, artisanal@artisanal-sumisura.com | **Anfahrt** Metro M1, M3, Haltestelle Duomo | **Öffnungszeiten** Mo 15.30–19.30 Uhr, Di–Sa 10.30–19.30 Uhr

9__Atelier Yooj

Geschichten aus Stichen

Romantisch wirkt dieser Ort, in dem helle Farben dominieren. Schlohweiße, cremefarbene und zartgrüne lange Hochzeitskleider hängen an Kleiderstangen und auf Schneiderpuppen. An einem großen Tisch arbeitet Jeong-Ah Yoo und empfängt lächelnd ihre Kunden. Sie stammt aus Korea, hat in Mailand Mode studiert und später begonnen, für große »Maisons« in Paris und Mailand Prêt-à-porter-Kollektionen zu zeichnen. Bis sie auf einer Reise nach Indien und Bangladesch bei der Stoffsuche einen katholischen Priester kennenlernte. Er unterstützt eine Frauengruppe, die Stoffe mit der traditionellen Kantha-Technik besticken. Diese werden von Hand verziert – mit einer Kombination aus einem fortlaufenden und einem Kettenstich. Die häufigsten Motive sind Blätter und Bäume, kleine Tiere und geometrische Formen. Diese illustrierten Stoffe sind wie Bildhandschriften, die von fernen Ländern erzählen. Jeong-Ah Yoo verliebte sich in diese Geschichten aus kleinen Stichen und schuf daraus ihre eigene Kollektion, die sie anfangs an Geschäfte verkaufte, bevor sie ihr eigenes Atelier eröffnete.

Die Modedesignerin verwendet natürliche Stoffe und Farben: Kaschmir, Baumwolle und Seide, die in Como gefärbt werden. Daraus lässt sie Kleider, Röcke, Tops und Abendroben sowie Kissenbezüge, Bettüberwürfe und Vorhänge anfertigen. In ihnen vereinen sich italienisches Handwerk mit orientalischer Freude an üppigem Zierwerk.

Auf wiederholte Anfragen ihrer Kunden begann sie, Hochzeitskleider zu entwerfen. Anfangs wollte sie nicht recht, doch dann begeisterte sie sich für diese Art von »Slow Design«. Nun findet sie es faszinierend, mehr Zeit und einen größeren ökonomischen Spielraum zu haben. Es gibt etwa 25 Modelle, die individuell gestaltet werden können und etwa ein halbes Jahr beanspruchen. Die fließenden, bodenlangen Hochzeitsroben erinnern an vergangene Zeiten. Ihre zarten, aus Frankreich stammenden Spitzen laden jede Braut zum Träumen ein.

Adresse Via Mortara 4, 20144 Mailand, Tel. +39/02/49435528, www.atelieryooj.com, info@yooj.com | **Anfahrt** Metro M 2, Haltestelle Porta Genova | **Öffnungszeiten** Di–Fr 10–14 und 15–19 Uhr, Mo und Sa nach Vereinbarung

10 Berettiantiquaria

Wir verkaufen Träume

Stolz zeigt Sandro Beretti die Originalleuchtschrift der berühmten Fernsehshow der 1980er Jahre »Drive In«. Diese hatte 20 Jahre lang kaputt in einer Ecke beim Elektriker gelegen. Nun funkelt sie im neuen Glanz und wartet auf einen Käufer. Sein Vater war Restaurator; Beretti hat früh begonnen, mit ihm zu arbeiten. Seine Leidenschaft jedoch galt dem Sammeln. Schon in den 1980er Jahren begann er, alte Reklameschilder, Jukeboxen und Flipper zu kaufen. Jetzt sind sie in, und sein Laden ist zu einer Art Wunderkammer für Vintageliebhaber avanciert.

Bei Beretti findet man Sessel, Lampen, leuchtende Weltkugeln und Spielzeugmodelle von Autos, Flugzeugen, Booten und Schiffen; Werbeschilder, Kühlschränke und jegliches rund um Coca-Cola. Auch alles aus den 1950er bis 1970er Jahren. Das sind die Gegenstände und Farben seiner Kindheit. Der Sammler und seine Frau, die Bilderrestauratorin ist, möbeln alles, was ihnen in die Hände kommt, wieder auf. »Doch das Aufregendste an meinem Beruf ist, die Dinge aufzuspüren: auf Messen im In- und Ausland. Vieles finde ich bei Privatleuten, manchmal auch im Tausch mit Kollegen.« Die besten Fundgruben seien immer Keller, Garagen und Dachböden. Aus der »Jagd« nach Raritäten ist sogar eine Reality-TV-Sendung entstanden: »Italian Pickers«, in der zwei Mitarbeiter vor der Kamera für Beretti durch Italien reisen, Preziosen und aufregende Dinge finden, sie erwerben und ihre Geschichte erzählen.

Berettis Kunden sind meist junge Leute, aber auch ältere mit Kindergemüt. Wie jüngst ein 95-Jähriger. Er ließ sich von seiner Tochter ein kleines Boot schenken. Sie war genervt, fand das kindisch, doch der alte Vater erklärte verzückt: »Das ist das schönste Geschenk, das ich je bekommen habe. Ich will keine Schals und Krawatten mehr!«

Die Erinnerungen an die kostbarsten Momente unseres Lebens, das ist im Grunde alles, was wir haben – hier finden wir davon noch mehr.

Adresse Via Cesare Cesariano 8, 20154 Mailand, Tel. +39/02/33101164, www.berettiantiquaria.com, sandro@berettiantiquaria.com | **Anfahrt** Metro M 2, Haltestelle Moscova | **Öffnungszeiten** Mo 15.30–19 Uhr, Di–Sa 10–19 Uhr

11 Bloodbuster

Jede mit Sterbeurkunde

Die Passion für Science-Fiction-Filme hat Manuel Cavenaghi und Daniele Magni auf einem Fantafestival in Rom zusammengeführt. Beide arbeiteten für einen Comicverlag, Manuel in der Redaktion und Daniele als Zeichner. 1999 kamen sie auf die Idee, einen Laden für »B-Movies« zu öffnen – für Horror- und Fantasyfilme, Thriller und Polizeifilme. Sie entschieden sich für die Gegend Porta Venezia, denn hier gab es schon den ersten Comicladen Mailands »La Borsa del Fumetto« sowie den »Yamato Shop« für alle Mangafans. Der Name Bloodbuster nimmt die Filmkette Blockbuster, die die italienischen Videotheken verdrängte, auf die Schippe.

Der kleine Laden wurde größer und bleibt in seiner Art einzigartig. Er ist auf DVDs und seltene VHS spezialisiert, auf ältere Filme auf Kassetten im Super-8-Format sowie auf Laserdiscs. Hinzu kommen Bücher und Zeitschriften, Poster und Plakate, T-Shirts und Gadgets sowie Actionfiguren. Letztere sind Kunststoffhelden und -monster aus der Filmwelt, die vor allem von Erwachsenen gesammelt werden. Begehrt sind auch die Schallplatten mit Filmmusik: »Jahrelang haben wir Platten und Filme vor allem in London gekauft, mittlerweile ist unser Angebot so gewachsen, dass wir Kunden aus London haben«, erzählen sie zufrieden. Auch von gruseligen »Living Dead Dolls« in Särgen quellen die Regale über, freilich jede mit Sterbeurkunde, dazwischen die in Südamerika so beliebte Mörderpuppe »Chucky«.

Vor etwa zehn Jahren haben Manuel und Daniele begonnen, im Selbstverlag Bücher zu schreiben, etwa über italienische Polizeifilme der 1970er Jahre oder Horrorfilme; inzwischen arbeiten auch Filmkritiker und Journalisten an der Reihe »I Ratti« mit.

Außerdem werden Buchvorstellungen, Treffen mit Regisseuren, Filmfestivals und Sammlertreffen organisiert. Zu ihnen kommen oft Menschen, die Filme aus ihrer Jugend sonst nirgends finden, oder Prominente wie Regisseur Nicolas Winding Refn. Meist ohne Sterbeurkunde.

Adresse Via Panfilo Castaldi 21, 20124 Mailand, Tel. +39/02/29404304, www.bloodbuster.com, info@bloodbuster.com | **Anfahrt** Metro M 1, Haltestelle Porta Venezia; Metro M 3, Haltestelle Piazza Repubblica | **Öffnungszeiten** Di–Sa 10–13 und 15–19 Uhr

12__Bollettini

Alle brauchen Blumen

»Wir sind das Blumengeschäft für alle in diesem Stadtteil«, erzählt Anna, während sie durch ihr Geschäft geht und einen bezaubernden Strauß zusammenstellt, als pflückte sie aus einem überreichen Garten. »Denn jede Blume ist schön, auch die einfachste, die nur wenig kostet.«

Seit 22 Jahren betreiben Anna und Maurizio Bollettini ihren Blumenladen, in den sie immer mehr hineingewachsen sind. Ganz jung und eher unerfahren, doch mit sicherem Geschmack und großer Begeisterung hatten die Kunststudentin Anna und der Angestellte Maurizio beschlossen, dass ihre große Liebe den Ziergewächsen galt. In all diesen Jahren haben sie viel experimentiert, entdeckt und gelernt. Beide entwickelten ein besonderes Gespür für Atmosphäre.

Maurizio, inzwischen erfahrener Gärtner, berät vor allem bei Balkon- und Terrassenbepflanzungen, übernimmt die Ausführung und gestaltet Gärten und Parks auf seine Weise: Er geht dabei nicht nach einem theoretischen »Plan« vor, sondern kreiert am jeweiligen Ort, wo er sich lange aufhält, ein sich schrittweise entfaltendes, mehrschichtiges Ganzes. Anna ist die Seele des Geschäfts.

Die pastellfarbenen, leicht abgeblätterten Wände stimmen sofort nostalgisch. Von der Decke hängen trockene Blumen, auf sich biegenden Borden stehen schlichte, schöne Vasen und Körbe. Fröhlich sprudelnd bedient Anna ihre Kunden: Ein Blumenstrauß für einen 50. Geburtstag soll es sein. »Was ist sie für ein Typ? Soll der Strauß ländlich bunt oder eher elegant sein?« Ein Mitbringsel für die Mama, Blumen für Taufen, Feste, Beerdigungen. Ein »Entschuldigungs-Strauß« von einem reumütigen Ehemann – alle brauchen sie Blumen! Jeglicher Wunsch wird mit dem Kunden in Ruhe besprochen und dann stilvoll umgesetzt. Ihr Sinn für natürliche Schönheit und das ästhetische Gleichgewicht ihrer Arrangements haben sich so weit herumgesprochen, dass sie für wichtige Anlässe auch von weit her bestellt werden.

Adresse Via Massimo Gorki 2 (Ecke Via Giambellino), 20146 Mailand, Tel. +39/02/4323020, Mobil +39/335/8397033 | **Anfahrt** Tram 14, Haltestelle Via Giambellino Via Tolstoj | **Öffnungszeiten** Mo 16–19.30 Uhr, Di–Sa 9.30–13 und 16–19.30 Uhr

13__Borghi

Ein Hut für die Queen

In einer engen, versteckten Straße nicht weit vom Mailänder Dom kreiert Lorenzo Borghi seit über 62 Jahren Hüte. Nur ein unscheinbares Schildchen und ein kleines Schaufenster laden Blicke ein. Wer eintritt, sieht die verschiedensten Kopfbedeckungen in Regalen und auf Hutständern stecken. Herr Borghi erzählt, wie er erst zwölfjährig bei einem Hutmacher begann. Als dieser sein wahres Alter erfuhr, hatte der Junge sein Talent schon bewiesen und durfte bleiben.

Wenn er an die Zeit zurückdenkt, als er für berühmte Couturiers phantasievollen Kopfputz für Modeschauen entwarf, gerät er ins Schwärmen. »Heute ist alles anders«, sagt er wehmütig, »alles dreht sich nur noch ums Geld. Um unseren Beruf zu erlernen, braucht man Zeit, Passion, Geschick und Geschmack.« Gern hätte Herr Borghi sein Wissen weitergegeben, aber zu seinem größten Bedauern hat er niemanden gefunden. Denn es mangelt an talentiertem Nachwuchs, und die Hutmacherkunst geht verloren. Ein Jammer!

In seinem Atelier im schönen Innenhof stehen die über 70 Jahre alten Holzhutformen bis zur Decke. Hüte zum Trocknen scheinen durch den Raum zu schweben. In einem 200 Jahre alten Kupferkessel wird Wasser erhitzt. Für den Dampf hat Borghi eine Espressomaschine umgebaut. Riesige Schubladenschränke bergen Perlen, Tüll, Federn, Schleifen, Voile, Pailletten und Bänder in allen Farben. Nie werden sie geklebt, nur von Hand genäht.

Und die Kunden: Nach einem kurzen Gespräch weiß Herr Borghi, welcher Hut zu ihnen passt. Es gibt sie für jeden Anlass und für jeden Gemütszustand. Aber man muss sie auch tragen können. Wie die Queen. Als eine Dame sich bei ihm einen Kopfputz für einen Empfang bei den Royals machen ließ, entwarf er auch einen für Elisabeth II. Auf komplizierten diplomatischen Wegen konnte er ihn ihr schenken. In seinem Laden hängt ein Dankesschreiben vom Buckingham Palace.

Adresse Via dei Piatti 5, 20123 Mailand, Tel. +39/02/874705 | **Anfahrt** Metro M 1, Haltestelle Duomo | **Öffnungszeiten** Mo–Fr 10–12.30 und 15–18.30 Uhr

14 __ Bottega Cecé Casile

Im Zwiegespräch mit Rahmen

Eigentlich war Vincenzo Casile in der 1970er Jahren aus Kalabrien nach Mailand gekommen, um an der Kunstakademie Brera Bildhauerei zu studieren. Enttäuscht von zu wenig Praxis, sammelte er Erfahrung bei verschiedenen Kunsthandwerkern. Zuerst ging er zu einem Goldschmied in die Lehre und lernte ziselieren. Bei einem Restaurator eignete er sich den Umgang mit Holz und das Patinieren an. Ein Dekorateur schließlich lehrte ihn die Kunst des Marmorierens.

Letztendlich war es dann ein kleines Buch mit modernen Bilderrahmen in Gold, Silber und anderem Metall, das ihn auf die Idee brachte, Rahmen aus Holz zu fertigen und Fotos damit einzurahmen. Das war neu und beinahe ein Stilbruch, denn damals kamen Fotografien höchstens hinter Glas. So wurden Fotografen und Fotointeressierte auf ihn aufmerksam. Seine erste Werkstatt eröffnete er 1976, in der er später auch Ausstellungen veranstaltete. Vor etwa fünf Jahren bezog Casile den Laden in der Via Solari, der gleichzeitig auch Atelier ist. Hier arbeitet er an einem großen Tisch, an den Wänden hängen Bilder einer Ausstellung.

Seine Rahmen wirken oft modern und unscheinbar; die Farben sind dezent oder naturbelassen, wenn es das Bild verlangt, auch farbig. Das Gleichgewicht zwischen Rahmen und Inhalt zu finden, brauche manchmal sehr lange Zeit: »Meine Rahmen sind zeitgenössisch. Sie werden hier entworfen und hier gemacht. Sie müssen zum Bild passen, seine Stärke hervorheben. Sie dürfen es nicht einzwängen.« Wie bei unseren Vorfahren. Im 17. Jahrhundert seien die Rahmen auf die Gemälde abgestimmt gewesen. »Doch seit Mitte des 19. Jahrhunderts dienten sie vielmehr als Schutz und verloren ihre Funktion.«

Der Rahmenmeister liebt seinen Beruf, und das vermittelt er. »Jedes Bild ist anders, und so ist die Arbeit jedes Mal eine andere. Man muss sich in Architektur und Malerei auskennen. Ein Bild ist schnell zerstört, wenn der Rahmen nicht mit ihm in einen Dialog tritt.«

Adresse Via Andrea Solari 23, 20144 Mailand, Tel. +39/02/89401049,
cece.casile@gmail.com | **Anfahrt** Metro M 2, Haltestelle Sant'Agostino; Tram 14,
Haltestelle Piazza del Rosario | **Öffnungszeiten** Mo–Fr 9–12 und 15.30–19 Uhr,
Sa 9–13 Uhr

15 La Bottega Discantica

Hymne auf die Musik

Für Musiker, Musikologen und Freunde der klassischen Musik ist Discantica *der* Bezugs- und Orientierungspunkt schlechthin – weit über Mailand hinaus. Das Angebot an CDs mit alter, sakraler, klassischer Musik sowie Opern, Kompositionen von Zeitgenossen oder Filmmusik fällt überwältigend aus. Auch Volks- und Kinderlieder finden Sie hier. Ganz gleich, worum Sie bitten: Es wird herbeigezaubert. Auch rare Vinylplatten sind zu haben, denn Luigi Grazioli eröffnete diesen Laden vor nun bald 40 Jahren, zu einer Zeit, als man Musik noch auf Schallplatten, Tonbändern und Kassetten hörte. Mitte der 1980er Jahre begannen CDs die Schallplatten abzulösen; in den 1990ern gab es kaum noch Vinylplatten. Heutzutage braucht man keinen Träger mehr, sondern kann die Musikfiles der »Bottega« im Internet erwerben und direkt herunterladen.

Das Geschäft hat die komplette Evolution der Tonträger mitgemacht und mit der sich rasend schnell verwandelnden Technologie Schritt gehalten. Mittlerweile erlebt der analoge Musikgenuss seinen zweiten Frühling. Viele Hi-Fi-Passionierte finden die klangfarbliche Qualität der LPs besser als die der CDs.

Luigi Grazioli verkauft nicht nur Musik, sondern ist selbst auch Musikproduzent und -verleger, zu dessen Team heute Bruder Ivo und Stefano De Luca gehören. Etwa 300 Platten hat er veröffentlicht. Viele seiner Plattenaufnahmen sind von italienischen Musikern aufgeführte italienische Werke, darunter auch Uraufnahmen. Die Hälfte davon besteht aus Orgelwerken, denn diesem Instrument gilt seine besondere Liebe. Ganz hinten im Laden steht beinahe verborgen eine wunderschöne neapolitanische Orgel vom Ende des 17. Jahrhunderts.

Wer immer aus der Musikwelt Informationen – auch zu alten Aufnahmen – sucht oder beraten werden möchte, wendet sich an den Experten persönlich, für den die Musik nicht nur »Universalsprache und Trost für alle ist«, sondern auch »unsere Gesellschaft verbessern könnte«.

Adresse Via Nirone 5, 20123 Mailand, Tel. +39/02/862966, www.discantica.it, info@discantica.it | **Anfahrt** Metro M1, M2, Haltestelle Cadorna | **Öffnungszeiten** Mo 15–19 Uhr, Di–Sa 9.30–13 und 15–19 Uhr

16__Brandstorming
Sieben Leben

Alles begann mit den leeren Flaschen aus dem Lokal im gleichen Haus. Das Kommunikationsbüro »Borderline« ließ daraus Biergläser, Kaffeebecher oder Lampen herstellen. Schnell wurde daraus ein Produkt mit dem Namen »Via Corsico 3«. Die Idee, einen eigenen Laden aufzumachen, war dann fast naheliegend.

Seit Oktober 2013 nun werden in dem ungewöhnlichen Concept Store »Brandstorming« in der belebten Fußgängerstraße an den Navigli Waren und Brands aus Eigenherstellung verkauft. Sie stammen von Kunsthandwerkern, Designern oder Künstlern, meist bestehen sie aus wiederverwerteten Materialien. Echtes Upcycling also.

Giovanni Scafuro ist einer der Künstler und Koordinatoren. Von ihm stammt der Schmuck aus Gabeln, Löffeln, Schlüssellöchern sowie Lampenschirme aus Besteck und altes, neu interpretiertes Porzellan, das zum Beispiel stellenweise entfärbt wird und so ein modernes Design erhält. Darüber hinaus findet man hier Manschettenknöpfe, Ringe aus Legosteinen und Computertasten oder Taschen, die aus dem farbigen Stoff kaputter Sonnenschirme genäht sind – mit der Aufschrift »Rimini« – der Badeort in Italien schlechthin. Gürtel aus ehemaligen Fahrradreifen, Baskenmützen aus Jutesäcken gesellen sich hinzu.

Das Geschäft ist ein Mekka für junge, experimentierfreudige Designer: Jeder »Maker« darf seine eigene Ecke im Laden gestalten. An verspielten Ideen mangelt es hier nicht. So wurden aus einem ehemaligen Bettgestell und Schubladen Sessel, aus Koffern Sitzbänkchen, Tische bekommen neue Beine, vieles wird einfach nur bunt bemalt, aufgepolstert oder neu bezogen. Krawatten hängen wie Kunstwerke in einzelnen Rahmen, können jedoch herausgenommen und dank einem Bändchen auch getragen werden. Objekte aus Schreibmaschinentastaturen, Computerlüftern und all den Dingen, die sonst im Müll landen, bringen einen zum Schmunzeln. Aus Alt wird hier Neu und witzig gemacht, denn auch Dinge haben sieben Leben.

Adresse Via Corsico 3, 20144 Mailand, Tel. +39/02/36595541, www.brand-storming.it, info@brandstorming.it | **Anfahrt** Metro M 2, Haltestelle Porta Genova | **Öffnungs-zeiten** Di – Sa 12 – 20 Uhr

17_Brunori

Sätze wie Schätze

Eigentlich besteht der winzige Laden nur aus einem Flur mit schmalen Vitrinen links und rechts, in denen sich alte Tintenfässchen und -flaschen sowie neue und alte Füllfederhalter zierend aufreihen: eine beeindruckende Abwechslung während des Schlangestehens. Die Atmosphäre gemahnt an alte Zeiten. Plötzlich ist man dran: Für jeden Einzelnen nimmt sich Herr Brunori Zeit, bleibt geduldig und immer freundlich. »Ich bin der ›pennaiolo‹, es gibt nur noch drei weitere in Mailand, die Füller reparieren«, erzählt Giuseppe Brunori schmunzelnd.

Großvater Maurizio kaufte 1911 das kleine Schreibwarengeschäft, Vater Bruno und Onkel Germano übernahmen es; seit 1964 empfängt Giuseppe hier seine Kunden. Papeterien gibt es nicht mehr, nur noch Schreibgeräte und Tinten, alles was eben mit Schreibkultur zu tun hat. Brunori ist selbst leidenschaftlicher Sammler von Füllfederhaltern.

Altertümchen nimmt er fachgerecht auseinander, treibt Federn auf, die längst nicht mehr produziert werden, und bringt geliebte Erbstücke wieder auf Vordermann. »Der Füller meines Vaters schreibt wieder!«, sagt begeistert ein über einen Stock gebeugter Herr. »Schauen Sie, so sah meine Schreibfeder aus, als ich zur Schule ging. Der Pedell kam damals mit einem Kanister Tinte und goss jedem etwas in das im Tisch eingelassene Tintenfass. Was machten wir damals für Sauereien!« Viele Kunden sind ältere Herrschaften, doch es kommen auch junge Leute. Sie lassen sich etwa beraten, welche Bleistiftmine am geeignetsten für sie ist, manche möchten einen Füller erstehen; es gibt sie hier in allen Preislagen und den besten Marken. »Faszinierend ist: Die Feder tut, was die Hand will – nicht wie beim Kugelschreiber. Sie wird ein persönlicher Gegenstand. Man muss sie erst einschreiben, sich kennenlernen und Zeit haben, denn mit einem Füller soll man achtsam umgehen.« So sind Brunoris Sätze (und Schätze): von erlesenem Schwung.

Adresse Via Torino 77, 20123 Mailand, Tel. +39/02/8645182 | **Anfahrt** Metro M1, Haltestelle Duomo; Tram 2, 14, Haltestelle Via Torino/Via Santa Maria Valle | **Öffnungszeiten** Mo 15–19.30 Uhr, Di–Sa 9.30–12.30 und 15–19.30 Uhr

18_ Cacao-lab

Von Kopf bis Fuß auf Schoko eingestellt

Nicht mit Mode-, sondern mit »Schoko-Designern« haben wir es hier zu tun. Maskenbildner und Friseur Cristiano Spinoni sowie Innendesigner Baptiste Roudel haben vor acht Jahren ihre Schokoboutique eröffnet.

Rund ums Jahr finden Sie hier das braune Gold in den erstaunlichsten Formen und für jeden Anlass: An Ostern gibt es nicht etwa Überraschungseier, sondern überraschende Eier, wie das »Familienporträt«: ein großes Ei mit Schnurrbart, ein etwas kleineres mit Rose auf dem »Kopf«, ein noch kleineres mit Schleifchen und das ganz kleine mit Streifen. Zum Valentinstag regnet es lauter schokoladige Herzen, auch das pochende von Keith Haring sowie Pralinen mit Buchstaben, die man schön verpackt in kleinen Schachteln zu Sätzen dichten kann. Zur Geburt eines Kindes passen kleine Schühchen und Schnuller, zum Weihnachtsfest dekorierte Bäume und Knusperhäuschen.

Das ganze Jahr über gibt es Gitarren, Bärchen, Schuhe mit farbigen Schnürsenkeln, iPhones, bei denen man sich wundert, dass sie nicht funktionieren; Schuhe mit schwindelerregend hohen Absätzen in verschiedenen Farben mit Leopardenmustern, Beschlägen, Schleifchen oder Schnallen. Haben Sie schon einmal in einen Schuh gebissen? Dazu todschicke gemusterte Täschchen und Pochetten mit Punkten oder Streifen. Schade, dass man sie bei Hitze nicht tragen kann.

Auch »tailor made« wird geboten. Es gibt einen Musterkatalog der Schokotexturen. Das gewünschte Objekt wird in Gips modelliert und daraus eine Silikonform hergestellt. Firmen lassen sich oft ihr Logo anfertigen. Auch eine Schneiderpuppe haben die Süß-Designer von Kopf bis Fuß auf Schoko eingestellt – also mit köstlicher Kakaomasse bekleidet.

Durch einen Fensterspalt können Sie Cristiano Spinoni zusehen, wie er Pralinen aus piemontesischen Haselnüssen und Pistazien aus Bronte kunstvoll verziert. Köstlich, doch fast zu schön, um vernascht zu werden.

Adresse Via Eustachi 47, 20129 Mailand, Tel. +39/02/20520158, www.cacao-lab.it, info@cacaolab.it | **Anfahrt** Metro M 1, Haltestelle Lima | **Öffnungszeiten** Mo 14.30–19.30 Uhr, Di–Sa 10–13 und 14.30–19.30 Uhr

19_ Campagnoli
Die Rosticceria

Früher gab es in Mailand viele »rosticcerie«. Der Name kommt von »arrostire«: Braten, Grillen am Spieß und im Ofen. Vor allem in gutbürgerlichen Familien war es Tradition, an Wochenenden das Essen in einer »rosticceria gastronomia« zu holen. Ein Take-away ante litteram.

Einige dieser Feinkostläden haben die Supermarktketten überlebt und bieten wie eh und je frisch zubereitete Köstlichkeiten neben ihrem reichen Käse- und Wurstwarenangebot. Man holt sich die fertigen Gerichte – nicht Fertiggerichte! – und verspeist sie zu Hause in familiärer Runde. Die traditionellen Rosticcerie haben ihre eigene Küche, die tagesfrische Gerichte in großer Auswahl zubereitet.

Seit 60 Jahren nun werden hier die Kunden im eleganten Corso Vercelli bedient. In den 1980er Jahren ist Vittorio Campagnoli bei Vater Emanuele ins Geschäft mit eingestiegen. Von ihm hat er das Metier gelernt: die Sorgfalt bei der Suche nach Herstellern, die alten Mailänder Rezepte, die nur aus frischen Zutaten bereitet werden. Jeden Tag bereiten drei Köche die Gerichte frisch vor Ort zu. Sie finden hier alles für ein perfektes italienisches Menü vom »antipasto« bis zum »dolce«, ob nun »primi piatti« wie Pastagerichte, Lasagne oder »risotto alla milanese« mit goldgelbem Safranreis. Reis aus der nahen Poebene – übrigens dem größtem Anbaugebiet Europas – ist typisch für die mailändische Küche. Zu den Braten, gegrillten Hähnchen und Koteletts gibt es gekochtes oder gegrilltes Gemüse, dazu passende Weine. Weiter locken kalte Speisen wie Reissalat, »vitello tonnato« – dünn geschnittenes Kalbfleisch mit Thunfischsoße – oder »nervetti«, für Nichtitaliener ein gewöhnungsbedürftiger Kalbssehnensalat, Pâtés, Galantinen und Aspik. Auch die Auswahl an frischem Aufschnitt und Käse sowie bunte Einmachgläser mit eingelegten Tomaten, Artischocken, Pilzen und Oliven lassen Ihnen den Appetit auf der Zunge zergehen.

Adresse Corso Vercelli 14, 20145 Mailand, Tel.+39/02/48005361, campagnolisas@iol.it |
Anfahrt Metro M 1, Haltestelle Conciliazione; Tram 16, Haltestelle Corso Vercelli Largo
Settimo Severo | **Öffnungszeiten** Mo 15.30–19.30 Uhr, Di–Sa 8–13 und 15.30–19.30 Uhr

20__Carati Ambrogio

Zurück in die Bronzezeit

Von der hohen Decke der Werkstatt hängen staubige Kronleuchter. Jugendstillampen und Kerzenhalter stehen zwischen Zangen, Schablonen, Bohrern und Drehbänken. Aus einem Eimer unter dem Tisch schauen Löwenköpfe aus Messing hervor, aus einem alten Kochtopf quellen bronzene Tannenzapfen. Ernesto steht an der Schleifmaschine. Dazwischen liegt ein freundlicher großer Hund. Ein eleganter Herr schaut eilig vorbei und lässt einen Leuchter da, der restauriert werden soll. Signora Carati räumt Papiere zur Seite. Die Atmosphäre ist familiär, wie in vergangenen Zeiten. Auch das Handwerk des Bronzekünstlers ist alt.

Seit über 100 Jahren gibt die Familie Carati ihr Wissen und handwerkliches Können vom Vater an den Sohn weiter. Ambrogio Caratis Großvater gründete die Werkstatt 1894. Er selbst begann mit 13 Jahren, neben der Schule bei seinem Vater zu arbeiten. Heute führen die beiden Söhne Ernesto und Francesco Giovanni mit ihm den Familienbetrieb.

In einem hinteren Raum sind glitzernde Lampen, Appliken, Badezimmerzubehör und Beistelltische im Stil verschiedener Epochen ausgestellt. Alles kann matt verchromt, vernickelt oder vergoldet werden. Vor allem aber ist die Familie Carati berühmt für ihre Reproduktionen. Nach alten Vorbildern baut sie Kronleuchter, Türklinken, Beschläge und Verzierungen für Möbel und Türen, Kommodenknaufe und -griffe in allen Stilepochen. Auch Prototypen können angefertigt werden. Designer und Architekten aus dem In- und Ausland wenden sich mit ihren Plänen und Zeichnungen an Carati.

Zu Großvaters Zeiten wurde noch in der Stadt gegossen. Heute wird eine der wenigen Gießereien beauftragt, die noch mit dem Sandgussverfahren arbeiten. Die geeignetste Erde dafür kommt aus Frankreich und ist schwer erhältlich. Daher wird oft das Wachsausschmelzverfahren benutzt. Die gegossenen Teile werden dann in der Werkstatt mit einem speziellen Meißel bearbeitet, bis alles urig schimmert.

Adresse Via Cesare da Sesto 1, 20123 Mailand, Tel. +39/02/89402884, www.caratibronzista.com, caratiambrogio@gmail.com | **Anfahrt** Metro M2, Haltestelle Sant'Agostino | **Öffnungszeiten** Mo–Fr 8–12 und 14–19 Uhr, Sa 8–12 Uhr

21__Caterina von Weiss

Der richtige Ton

Caterina von Weiss' Liebe galt schon immer den ganz alten Handwerken. Mit Stoffen und ihren Farben an einem eigenen Webstuhl begann sie, diese Passion auszuleben. Dann führte sie das Berufsleben als Designerin in die Modebranche bei einer Seidenmanufaktur in Como.

Während eines Aufenthalts in Frankreich jedoch verliebte sie sich in die Töpferei. Es begann ihr zweiter Lebensabschnitt, der sich mit ihren drei Kindern gut vereinbaren ließ. Sie besuchte Keramikerkurse in der Toskana und in Norwegen. Vor etwa 15 Jahren fand sie ihr winziges Atelier gegenüber der Bahnlinie im Stadtteil Isola, fast als läge es an einem Dorfrand.

In diesem kleinen, hellen Raum geschieht alles Wesentliche: Der große Brennofen steht beinahe im Schaufenster, in der Mitte des Raums der Tisch, an dem sie allein arbeitet, und dann sind da noch die Töpferscheiben. Ihre Arbeiten stehen in schmalen Regalen; sie sind aus Porzellan und Steingut. Der Ton dafür kommt aus Frankreich und Deutschland. Es sind zarte Gefäße, manche mit eingelegten Mustern und Gravuren. Dazu verwendet Caterina auch Stoffe oder Pflanzen, die besondere Texturen aufweisen. Die Glasuren macht die Keramikerin selbst. »Jedes Mal, wenn ich den Ofen öffne, kommt der spannende Moment, wie die Farben geworden sind«, erzählt sie. Denn die fallen stets anders aus, da sie nicht nur mit immer neuen Glasuren experimentiert, sondern auch verschiedene Tonreste zusammenmischt, sodass unvorhersehbare Kombinationen entstehen.

Jedes Stück ist ein Unikat mit sichtbaren Arbeitsspuren und Nahtstellen, die dem Porzellan eine besondere Lebendigkeit verleihen. Die gewollt unregelmäßigen Formen wirken poetisch. Dabei sind es Gegenstände für den täglichen Gebrauch, die sich schön anfassen. Tassen, Teller, Krüge, Vasen, kleine »Körbchen« mit Henkel, oft innen farbig und außen weiß. Zarte, doch entschiedene Farben für den richtigen Ton.

Adresse Via Pepe 36, 20159 Mailand, Tel. +39/34/96188274, www.caterinavonweiss.com, catweiss@me.com | **Anfahrt** Metro M 2, Haltestelle Porta Garibaldi | **Öffnungszeiten** nur nach Vereinbarung

22__Chicche di Calze

Der letzte Schrei

Eine »chicca« bedeutet im Italienischen etwas Besonderes, Rares oder Schmuckstück. Als die beiden Schwestern Matilde und Roberta Bonomi gemeinsam mit ihrer Freundin Flavia Guidi im Jahr 1985 diesen kleinen Laden in der feinen Zona Sant'Ambrogio – einem der ältesten Stadtteile Mailands – eröffneten, waren gerade Strümpfe ein besonders angesagtes Accessoire. Damals trug man wilde Phantasien.

Aus großen Kisten werden geringelte, gepunktete, geblümte Strümpfe, Strumpfhosen oder Söckchen hervorgezogen und für die Kundinnen auf dem Ladentisch ausgebreitet. Auch für die Herren gibt es ein kleines Sortiment, darunter Socken mit Abbildungen berühmter Gemälde wie etwa »Der Schrei« von Munch.

Ständig sind die drei Damen auf der Suche nach Neuem; auf Messen im In- und Ausland machen sie sich auf die Jagd nach dem einzigartigen Strumpf. Dabei legen sie stets Wert auf Qualität. Nach wie vor werden sie in Paris am fündigsten.

Von Anfang an führten sie auch eine Auswahl an Damenbademode, darunter Luxusanzüge und Bikinis von Eres und anderen exklusiven Marken. Ein Modell aus zwei Teilen, bei dem das Bikinihöschen so hoch aufgewickelt werden kann, dass es wie ein Badeanzug aussieht, lassen sie für ihre Kundinnen eigens nähen. Eine »chicca« sind ihre in der exakten Farbe der Badeanzüge mit Lycra bezogenen Flip-Flops. Im Winter findet man hier Mützen, Hüte, Handschuhe und Schals. Rund ums Jahr gibt es Pyjamas, Nachthemden, Morgenmäntel sowie schöne Dessous mit Tüll und Spitzen, mal dezent, mal verführerisch.

Der kleine Laden führt nicht viele, dafür ausgewählte, hochwertige Marken. Einige Hersteller sind sehr klein und fertigen sogar Sonderwünsche an. Was »Besonderes« sind auch die Ballerinas fürs Haus, im Sommer aus Baumwolle, im Winter aus Wolle, Samt oder Kaschmir. Es gibt sie in verschiedenen Farben und Mustern, auch auf Bestellung. Derzeit sind jedoch glitzernde Lurexsöckchen einfach der letzte Schrei.

Adresse Corso Magenta 27, 20123 Mailand, Tel. +39/02/86450255, www.chicchedicalze.it, info@chicchedicalze.it | **Anfahrt** Metro M 1, M 2, Haltestelle Cadorna | **Öffnungszeiten** Mo 15–19 Uhr, Di–Fr 10–19 Uhr, Sa 10–13.30 und 15–19 Uhr

23__Co Co

Der richtige Stoff

Ein Multitalent: Kostümbildnerin Nicoletta Ceccolini arbeitete für TV und Werbung, entwarf Kostüme für Film und Theater, schließlich sammelte sie auch noch Kleider und Accessoires wie Schuhe, Hüte, Taschen und Schmuck von den 1930er Jahren bis heute – für Erwachsene und Kinder.

Da fehlte nur noch der eigene Laden. 1990 gründete sie den Kostümverleih Co Co für Fotoshootings, Fernsehen, Film und Theater. Auch Privatleute können hier entsprechendes Outfit mieten und bei besonderen Anlässen wie Hochzeiten, Bällen glamourn. Es gibt eine breite Palette an Abendkleidern und Smokings. Für Themenpartys finden Sie hier die passende Garderobe, allerdings keine Karnevalskostüme.

Als nächsten Schritt entwarf Nicoletta ihre eigene Mode und eröffnete 2006 einen Laden. Man findet bei Co Co weite Hosen, Röcke sowie Oberteile, Jacken, Mäntel, Taschen, Schuhe und passenden Modeschmuck. Die Stoffe kauft Nicoletta in Indien, Afrika und Italien. Hergestellt wird in Mailand und Umgebung. Im hinteren Raum finden Sie Vintagekleider, die sich wunderbar mit Nicolettas Mode kombinieren lassen. Den Kleiderfundus finden Sie im ersten Stock.

Nicoletta geht nicht mit der Mode, sie »reist allein«, natürlich auch mit Blick auf momentane Trends: »Mein Stil ist persönlich – weder klassisch noch alternativ. Wichtig ist, dass die Sachen tragbar sind, dass sich Frauen in meinen schlichten Kreationen wohlfühlen und elegant erscheinen, ohne steif zu wirken.« Ihre Kleider soll man den ganzen Tag tragen und in ihnen sogar auf dem Fahrrad oder Motorrad zur nächsten Sitzung fahren können. Am Abend können Sie in die feinen Hosen aus Seide oder Lurex und die Blusen mit Stickereien schlüpfen.

Francesca und Grazia stehen den Kunden »stil-beratend« zur Seite. Oft trifft man Nicoletta auch an, wenn sie nicht gerade in einer der Schneidereien ist oder auf der Suche nach dem nächsten packenden Stoff.

Adresse Via Volta 5, 20121 Mailand, Tel. +39/02/29006562, cocoshopmilano@gmail.com |
Anfahrt Metro M 2, Haltestelle Moscova | **Öffnungszeiten** Mo 15.30 – 19.30 Uhr, Di – Sa
10 – 19.30 Uhr

24_ Colomba Leddi

Gedruckte Kleider

Colomba Leddi layoutet, druckt und führt eine »Backlist«. Doch ist sie nicht Verlegerin, sondern Modeschöpferin. Zwei Assistenten helfen ihr bei der aufwendigen Gestaltung ihrer Materialien. Mittels eines Grafikprogramms werden Blumen, Gemüse, zerknitterte Papiertüten, Postkarten, Zeichnungen, Aquarelle und alles, was Leddi gefällt, gescannt, bearbeitet und dann auf Textilien gedruckt. Aquarellierte Punkte verwandeln sich in Texturen; Blumen werden zu Mustern. Im Sommer verwendet die Designerin Seide, Popeline und Seersucker; im Winter Samt, Wolle und Kaschmir. Gern mixt sie auch ungewöhnliche Kombinationen wie Leinen oder Seidenjersey mit Nylon.

In ihrem, mit Vintagemöbeln und alten Spiegeln eingerichteten Atelier im Innenhof entstehen die Prototypen und Kollektionen für Mode und Wohnaccessoires. Leddis Kleidungsstücke erkennen Sie an den schlichten, klassischen Schnitten. Ihre nach unten immer weiter werdenden Hosen mit Reißverschluss hinten oder die Jacken und der Mantel »Egg« existieren nun schon seit vielen Jahren. Variiert werden die Klassiker mit kleinen Änderungen wie anderen Stoffen, Farben und Motiven. Dann gibt es den »Egg« etwa als leichten Sommermantel aus Baumwolle und Leinen oder auch aus wärmeisolierendem und wasserabweisendem Thermore.

In Europa werden Leddis Kreationen gern von Businessfrauen aus der Mode- und Verlagswelt getragen. In Japan greifen auch Jüngere nach ihnen. Hergestellt wird in einer kleinen Schneiderwerkstatt in der Nähe von Mailand. Für jedes Modell können Sie den Stoff aussuchen, sogar selbst mitbringen oder bereits existierende Modelle maßanfertigen lassen. Bei besonderen Projekten wie der Realisierung von Kostümen für eine Theateraufführung arbeiten Studenten von der Kunstakademie NABA mit. Dort unterrichtet Colomba Leddi Kostümbildnerei, hält einen Masterkurs für Fashion Design und gibt ihr profundes Wissen an die junge Generation weiter. Es lebe der perfekte Druck!

Adresse Via Revere Giuseppe 3, 20123 Mailand, Tel. +39/02/48014146, www.colombaleddi.it, info@colombaleddi.it | **Anfahrt** Metro M 1, M 2, Haltestelle Cadorna | **Öffnungszeiten** Di–Fr 10–13 und 15–19 Uhr sow_e nach Vereinbarung

25 Il Cordaio

Wie am Schnürchen

Dass Seile und Schnüre ein faszinierendes Thema sein können, lernt man in diesem farbenfrohen Laden. Hier gibt es nur Seile, Schnüre, Bänder, Taue, Kordeln, Gurte in allen Größen und Farben, meist gefertigt aus Natur- oder Kunstfasern. Und Dinge, die daraus gemacht werden, wie Hängematten, Fischer-, Fußball-, Taubenabwehrnetze …

Früher hat Roberto Carpignano als Regisseur in der Werbebranche gearbeitet. Irgendwann war er es satt, »Luft« zu verkaufen. Er suchte etwas Konkretes. Da bot sich vor rund 20 Jahren zufällig die Gelegenheit, dieses Geschäft zu übernehmen. Damals führte es nur Verpackungsmaterial mit Kordeln und Schnüren. Carpignano hat sich der Kästen und Kartons entledigt und sich auf Seilwaren aller Art spezialisiert. »Denn alle – wirklich alle – brauchen Seile oder Schnüre. Vom Kind, das eine Strickleiter oder Schaukel haben möchte, bis zum Großvater, der eine Leine für seinen Hund benötigt, Hausfrauen, Modedesigner, Handwerker, Kletterer und Abenteurer, um nur ein paar zu nennen. Jeder muss etwas zusammenbinden, verpacken, reparieren.« Zu Carpignano kommen Zauberer, Trommelbauer, die Schnüre für ihre Djemben suchen, Segler, Bühnenbildner, Sonntagsfischer. »Ich fürchte, auch Diebe inkognito sind dabei, die sich irgendwo abseilen wollen.«

Es gibt einfach niemanden, der keine Schnur braucht! Drachenbauer, Zelter, Köche, die einen Braten zusammenbinden wollen. Die Liste ist endlos.

»Cordarius«, also Seiler oder Seilmacher, war früher ein sehr wichtiger Beruf. Schon bei den alten Ägyptern waren Seile eines der wichtigsten technischen Hilfsmittel beim Bau der Pyramiden. Später wurden sie unerlässlich in der Landwirtschaft, in der Schifffahrt, im Bergbau – und sind bis heute vielseitig einsetzbar.

Oft kommen zu Carpignano Kunden und sagen »Ich habe ein Problem!« – und meistens kann man es mit einer Schnur lösen: »Probleme lösen, das ist das Beste an meiner Arbeit.«

Adresse Via Friuli 8, 20135 Mailand, Tel. +39/02/5516085, www.ilcordaio.it, roberto@ilcordaio.it | **Anfahrt** Metro M 3, Haltestelle Lodi | **Öffnungszeiten** Mo–Fr 9–12.30 und 15–19 Uhr, Sa 9–12.30 Uhr

26 Le Cornici del Chiossetto

Der Rahmen macht die Kunst

Carabiniere war Davide Iannello – damals. Eines Tages brauchte eine Firma einen Vertrauensmann, um wertvolle Bilder zu transportieren. Dafür war er der richtige Mann – und so lernte er Walter Porreca kennen. Dieser nämlich hatte eine Werkstatt, in der er von Hand erlesene Bilderrahmen für kostbare Bilder produzierte. Perfekt verstand er sich darauf, alle Wünsche seiner Künstler und Kuratoren zur Geltung zu bringen. Iannello war fasziniert von dieser neuen Welt; er verließ die kunstfernen Carabinieri; stattdessen wurde Porreca sein Meister. Der schickte ihn zunächst zu einem Restaurator und dann zu einem Vergolder in die Lehre. Hinzu kamen verschiedene Spezialisierungsworkshops in der Toskana. Seit Jahren beherrscht Iannello das Handwerk und ist Hüter vieler Geheimnisse.

Als Porreca kürzlich starb, übernahm er das Geschäft. Seine Spezialität: Kopien von alten Rahmen vom 16. bis zum 20. Jahrhundert zu fertigen. Dies erfordert die minutiöse Beherrschung vieler verschiedener Techniken. Denn jede Epoche hat ihre eigene Patina.

Eine weitere Besonderheit sind seine von Hand dekorierten Passepartouts mit kunstvollen Bordüren und Zierstreifen. Passepartouts wurden früher als Schutz verwendet. Dann gerieten sie fast in Vergessenheit und erleben heute eine Renaissance. Iannello koloriert sie mit Aquarellen und fügt Linierungen nach französischem Vorbild hinzu.

Liebevoll streicht der Meister über seine Rahmen: »Fühlen Sie hier, der ist mit Achat poliert« und wirkt dadurch seidig und weich. Er verwendet nur schadstofffreies, alterungsbeständiges Material. Die Kartons der Passepartouts sind säurefrei.

Neben Rahmen und Passepartouts finden Sie hier auch alte Spiegel mit vergoldeten Rahmen. Apropos Glas. Das gerahmte Kunstwerk rundet hochwertiges Glas ab: das kostbarste ist unsichtbar, reflektiert kein Licht und verändert nicht die Farben.

Rahmen können so schön sein, dass man gar kein Bild mehr braucht.

Adresse Via Filippo Corridoni 10, Eingang in der Via Chiossetto, 20122 Mailand, Tel. +39/02/55187657, cornicidelchiossetto@libero.it | **Anfahrt** Metro M 1, Haltestelle San Babila; Tram 12, 27, Haltestelle Corso Porta Vittoria oder Palazzo di Giustizia | **Öffnungszeiten** Mo 15.30–19 Uhr, Di–Fr 9.30–12.30 Uhr und 15.30–19 Uhr, Sa 9.30–12.30 Uhr

27 __ Cosediunaltromondo

Kleine Häuser für die Großen

Wie Gulliver im Lande Liliput kommen Sie sich vor, sobald Sie den winzigen Laden betreten und in die noch viel kleineren Häuser hineinblicken, in denen Verkäufer ihre Waren feilbieten oder Diener von silbernen Tabletts in Porzellantassen Tee servieren. Die Vitrinen hier sind gefüllt mit Möbeln, Instrumenten, Pflanzen, Tieren, Hüten, Spazierstöcken und allen nur erdenklichen Details in Miniatur.

Der Auslöser dieser Passion war eine winzige Aufschnittmaschine. Bei einer ihrer Auslandsreisen verliebte sich Mariangela Galiardi in Miniaturen und begann Ende der 1980er Jahre schlicht alles zu sammeln, was klein war. Bald verwandelte sie Hobby in Berufung: 1995 eröffnete sie ihren Puppenhaus- und Miniaturenladen. Die meisten Bausätze kommen aus England; als Standardgröße wird dabei der Maßstab 1:12 genommen.

Mariangela baut die Häuser zusammen, verändert und ergänzt sie: Treppen werden ein- oder ausgebaut, Zwischenwände herausgenommen, Hauswände bemalt, Dächer mit Schindeln veredelt. Tapeten, Kamine und Kronleuchter beleben das Ambiente der Zimmer. Für den Betrachter unsichtbare Beleuchtungskabel werden in den Platten und auf der Rückseite verlegt. Miniaturtische und -betten baut Mariangela selbst, oder sie »restauriert« fertige Möbel, schmirgelt und bemalt sie. Tischdeckchen färbt sie mit Tee oder Kaffee für die richtige Patina. Tellerchen und Schüsselchen werden mit winzigem, handbemaltem Obst und Gemüse aus Fimo gefüllt. Auf kleinen Holzbrettchen liegen Käse- und Wurststückchen. Kleine »Roomboxen« werden in Bibliotheken, Keller, Malerateliers verwandelt.

Stunden-, tage-, wochen-, monatelange Arbeit steckt in diesen Häusern. Die Kunden sind meist Sammler mit präzisen Vorstellungen und besprechen die durchzuführenden Arbeiten wie mit einer Innenarchitektin für Liliputaner. »Hat einen die Miniatursucht gepackt, lässt sie einen nicht mehr so leicht los.«

Adresse Via Andrea Solari 12, 20144 Mailand, Tel. +39/02/6599110, Mobil +39/335/6457887, www.cosediunaltromondo.com | **Anfahrt** Metro M 2, Haltestelle Sant'Agostino; Tram 14, Haltestelle Piazza del Rosario | **Öffnungszeiten** Mo – Fr 15 – 19.30 Uhr

28_ Costanza Algranti
Das Meer in ihr

Als die Tennislehrerin Costanza Algranti am Strand von Livorno ein Stück angeschwemmtes Holz fand, wusste sie noch nicht, dass dies ihr Leben verändern würde. Damals renovierte sie gerade selbst ihr Haus in der Toskana mit wenig Mitteln und entdeckte dabei ihre Leidenschaft: das Handwerk. Immer wieder ging sie an den Strand und sammelte alles, was das Meer ausspie. In den von Wind, Salzwasser und Sonne geformten Stücken sah sie, was anderen Augen verborgen blieb. 1997 zog die Frischberufene nach Mailand ins »Quartiere Isola«. Seither baut und »bekleidet« sie Möbel für Kunden im In- und Ausland. Viel Holz, Eisen und Kupfer wird in der Industrie und im Bauwesen verwendet und nach Gebrauch weggeworfen. Costanza sah das Potenzial und die Poesie – und sammelte.

Das Material soll weiterleben. Man soll ihm ansehen, was es einmal gewesen ist und was es erlebt hat: Seine »Fehler« sind seine Stärke. Das Holz, das Costanza für ihre Möbel verwendet, wird nie gestrichen, höchstens eine helle Lasur ins Imprägnierungsmittel gemischt. Am leichtesten ist es, Eisen zu verwenden, denn es ist homogen. Kupfer erscheint am faszinierendsten, denn es changiert je nach Oxidation mal grünlich, mal golden oder auch bläulich – je nachdem, welchen Witterungen es ausgesetzt war oder wo das Wasser floss. Mit den Metallplatten werden gut gezimmerte Holzmöbel verkleidet.

Alle Möbel, Lampen, Spiegel und Gebrauchsgegenstände entstehen in der Werkstatt neben dem Showroom. Schon von Weitem hört man das Hämmern und Bohren. Zum fünfköpfigen Team gehören neben Costanza ein Architekt, Restauratoren und Schreiner. Sie arbeiten für Hotels, Geschäfte und Privatkunden. Jeder Kunde kann den Werdegang seiner Objekte verfolgen und selbst sein Brett oder seine Regenrinne aussuchen. Sogar Kühlschränke tragen aktuell ein »marines« Kupferkleid mit der Patina der Zeit. Costanza Algranti – das ist das Meer in ihr.

Adresse Via Guglielmo Pepe 20–28 (der Eingang zum Geschäft befindet sich neben der Nummer 28), 20159 Mailand, Tel. +39/02/89053149, www.costanzaalgranti.it, info@costanzaalgranti.it | **Anfahrt** Metro M 2, Haltestelle Porta Garibaldi | **Öffnungszeiten** Mo–Sa 8–13 und 14–19 Uhr

29_ Crespi Bonsai

Grüne Gäste

Schon Ende der 1970er Jahre importierte Luigi Crespi Bonsais nach Italien. Aus seiner Passion entstanden in Parabiago nahe Mailand eine spezialisierte Gärtnerei und ein Museum für die Zwergbäume. Dort steht der älteste über 1.000-jährige Ficus-retusa-Bonsai der Welt. Ursprünglich war das 1991 eröffnete Geschäft in Mailand nur als Vitrine für das Museum gedacht. Es imitiert einen japanischen Zen-Garten in Miniatur. Die Laufpfade sind von Wellen nachempfundener gerillter Böden »umspült«, die Wände mit japanischen Landschaften bemalt. Die knorrigen, im Frühjahr reich blühenden Bäumchen stehen auf dem Boden und auf Tischen. Steinlaternen, Tsukubai, die Wasserbecken, die Seen symbolisieren, und Suiseki, chinesische Gelehrtensteine, gehören ebenfalls ins Bild.

Ursprünglich waren Bonsais Topfpflanzen, die in China und dem ganzen Orient von Nomaden als klein gehaltene Heilpflanzen mitgenommen wurden. Erst im 11. Jahrhundert brachten buddhistische Mönche die kleinen Bäume nach Japan, wo die Technik verbessert wurde. Erst Ende des 19. Jahrhunderts kamen die ersten nach Europa. Die hier erhältlichen Bäumchen sind alle importiert. Tropische, immergrüne Pflanzen, die im Winter ins Warme gebracht werden müssen, kommen aus China und Indonesien, während die laubwerfenden Minibäume aus Japan stammen und im Freien stehen sollten. Die im Laden erhältlichen Bonsais sind zwischen 7 und 120 Jahre alt. Jede Woche erneuert sich das Angebot, denn die nicht verkauften Pflanzen werden zurück in die Gärtnerei gebracht; sie brauchen Licht und Sonne. Crespi bietet dort auch die Pflanzen-Pension »Bonsai Village« und eine Klinik für kurbedürftige Bäumchen. Während der Sommerferien beherbergt er etwa 3.000 »grüne Gäste«.

Auch erhältlich sind für die Pflege der Bonsais nötige Werkzeuge, Vasen, Erde, Dünger, Tees und Teezubehör aus China und Japan sowie handgemachter Schmuck einer Japanerin. Das Idyll in der Pflanzschale.

Adresse Via Giovanni Boccaccio 4, 20123 Mailand, Tel. +39/02/48193301, www.crespibonsai.com | **Anfahrt** Metro M 1, M 2, Haltestelle Cadorna | **Öffnungszeiten** Mo 15–19 Uhr, Di–Sa 9.30–13.30 und 15–19 Uhr

30__Demaldè

Lieblingsstücke der Dandys und Diven

Er ist so klein, dass man ihn beinahe übersieht, doch seine Auswahl ist riesig! Seit 30 Jahren führt Elvio Demaldè gemeinsam mit seiner Frau Loredana diesen winzigen Laden, in dem es wahre Schätze zu entdecken gibt: eine phantastische Schmucksammlung vom Ende des 19. Jahrhunderts bis heute. Elvio Demaldè verkaufte in seiner Jugend selbst gemachte Ketten und Armbänder aus Gabeln und Hufnägeln in Rom, London und Amsterdam. Schmuck wurde zu seiner Passion. So erstand er schon damals überall, wo er hinkam, die ihm kostbaren Kleinode. In den 1980er Jahren machte er eine Goldschmiedelehre und eine Ausbildung in Edelsteinkunde. Aus der Leidenschaft wurde ein Beruf: Sein hoch spezialisiertes Geschäft eröffnete er 1985 – eine Art Wunderkammer mit Originalschmuckstücken aus der ganzen Welt, vor allem aus den USA und Italien.

Hier finden Sie Charms Armbänder, Lieblings-Bijous von Hollywood-Diven, hochwertigen Modeschmuck von Trifari aus den 1950er Jahren – mit Perlen und Strass besetzte Broschen, Colliers, Ohrclips und Ringe. Viele Goldschmiede haben sich in diesem Modeschmuck verewigt, denn damals wünschte eine aufsteigende Bürgerschicht in den USA bezahlbare Juwelen. Begehrt ist auch der Schmuck aus Korallen und Kameen, den eine Familie aus Süditalien fertigt.

Nicht nur Damen, vor allem auch die gepflegten Herren der Schöpfung werden hier fündig. Die Demaldès führen eine umfassende Kollektion von Manschettenknöpfen aus Chrom, Silber, Bakelit, Emaille für jeden Geschmack, Anlass und Budget in allen Variationen: Tiermotive, Karten und Glückssymbole, Totenköpfe, Wappen, Boote, Autos … Was nicht da ist, kann herbeigezaubert werden. Denn Elvio fertigt auch Schmuck und Manschettenknöpfe auf Wunsch. Ein Paradies für Sammler und Manschettenhemdträger. Wichtige Fashionzeitschriften leihen sich den Schmuck für ihre Reportagen – natürlich bei Demaldè. Kein Wunder – an Inspiration fehlt es hier nicht.

Adresse Via Ponte Vetero 22, 20121 Mailand, Tel. +39/02/86460428,
elvislory@hotmail.com | **Anfahrt** Metro M 1, Haltestelle Cairoli, M 2, Haltestelle Lanza |
Öffnungszeiten Mo 15.30–19.30 Uhr, Di–Fr 10.30–14 und 15–19.30 Uhr, Sa 10.30–13
und 15.30–19.30 Uhr

31 Ditta Cesare Crespi

Auch Churchill was here

Zwischen der Pinakothek Brera und der berühmten Bar Jamaica, in der Generationen von Künstlern gesessen haben, liegt seit 1880 eine wahre Institution. Begonnen hat das Unternehmen als bescheidene Druckerei mit Papierwaren. 13-jährig begann Elena Crespi, ihrem Vater bei der Arbeit auszuhelfen, und blieb. Von ihr stammte die Idee, Kunstzubehör für die benachbarte Akademie anzubieten. Die Tochter wurde zur Seele des Geschäfts, das sie 1912 übernahm und bis zu ihrem Tode 1972 führte. Sie kannte alle Künstler, war deren Freundin, Beraterin und Mäzenin, reiste ins Ausland, um die besten Hersteller und Farben kennenzulernen, und brachte sie nach Mailand. Mit ihr entwickelte sich die »Ditta Cesare Crespi« zur berühmtesten Adresse der Stadt für Farben.

Heute führt mit Massimo Crespi die vierte Generation das Geschäft; Vater Cesare mischt auch noch mit. Die hohen Regale sind noch dieselben von früher, bis zur Decke vollgestopft mit Zeichenblöcken, Mappen, Leinwänden, Staffeleien, Pinseln, Pastellkreiden, Aquarell- und Ölfarben. Viele Gläser mit Pigmenten schillern in allen Tönen, Modellpuppen aus Holz strecken ihre Arme aus. Hier finden Künstler nicht nur, was sie brauchen, sondern auch Beratung zu den neuesten und besten Produkten auf dem Markt.

Seit 1996 werden im Nachbargebäude Kurse und Workshops abgehalten, um neue Materialien einzuführen. Sehr beliebt sind auch die Decoupagekurse.

Die Kunden sind natürlich vor allem Studenten und Lehrer der Kunstakademie Brera, aber auch viele Architekten, Designer und Dekorateure. Und immer mehr Sonntagsmaler. Alle kommen her, und alle sind hier gewesen. Auch der Staatsmann Churchill, der im Laufe seines Lebens mehr als 500 – heute hoch gehandelte – Ölgemälde schuf und Aquarelle malte, hat 1945 bei Elena Crespi Farben gekauft.

Ein Laden mit Gespür nicht nur für die Götter des Ateliers, sondern für alles Große der Zeit.

Pigmenti

Adresse Via Fiori Oscuri 3, 20121 Mailand, Tel. +39/02/86462147, www.crespi-brera.com, info@crespi-brera.com | **Anfahrt** Metro M 2, Haltestelle Moscova; Bus 61, Haltestelle Piazza San Marco | **Öffnungszeiten** Mo–Sa 9–19.30 Uhr

32 Drogheria Brambilla

Jedem sein Bonbon

»300 Gramm gemischte Fruchtgummis bitte – und hätten Sie auch eine gute Flasche Wein?« Na klar, bei Signor Arduino Quintini findet man lauter Köstlichkeiten.

Bis vor etwa 30 Jahren führten die »drogherie« – Kolonialwarengeschäfte – neben Importgütern aus den ehemaligen Kolonien wie Tee, Kaffee, Kakao und Gewürzen auch Haushaltsbedarf, Seifen, Lebens- und Genussmittel; sie waren quasi Tante-Emma-Läden. Durch die Konkurrenz der Supermärkte jedoch mussten die meisten schließen. »Wir haben unser Angebot angepasst. Unsere Kunden kaufen nicht mehr aus Notwendigkeit, sondern aus Impuls. Sie wollen genießen oder brauchen ein Mitbringsel.«

Das Geschäft befindet sich am Bahnhof Cadorna. Jeden Tag strömen Scharen von Pendlern hier vorbei, ebenso zahlreiche Ausländer, die den Zug zum Flughafen Malpensa nehmen. Viele sind Stammkunden; Signor Quintini weiß genau, wonach es sie gelüstet. Wie gehabt finden sie hier Gewürze, Tee- und Kaffeesorten, getrocknete Heidel- und Goji-Beeren, die abgewogen und in kleine Tüten verpackt werden, argentinische Süßigkeiten, die man früher nur hier bekam. Auch mit 30 verschiedenen Honigsorten, Marmeladen, Wein, Sekt, Säften sowie anderen Gaumenkitzlern und praktischen Dingen, die man im letzten Moment noch brauchen könnte, wartet Quintini auf. Vor allem aber ist sein Laden ein Naschparadies voll bunter Bonbons, die in Körbchen und Behältern die Regale füllen und dem Geschäft glitzernde Farbtupfer verleihen: Hartbonbons, Toffees, Gelee- und Gummidrops, Tauf- und Hochzeitsmandeln mit farbigen Zuckerglasuren und unzähligen anderen Füllungen wie Schoko, Nuss, Pistazie, Zitrone.

Die ganze Woche steht Quintini in seinem kleinen, von der Mutter geerbten Laden, am Wochenende aber gibt er sich seiner ureigenen süßen Leidenschaft hin. In metaphysisch anmutenden Bildern malt er die Vielfalt des Lebens. »Das ist mein Antibiotikum gegen den Nihilismus unserer Zeit.« Jedem das Seine.

Adresse Piazzale Luigi Cadorna 10, 20123 Mailand, Tel. +39/335/8346675, arduino.quintini@gmail.com | **Anfahrt** Metro M 1, Haltestelle Cairoli | **Öffnungszeiten** Mo – Fr 8 – 14 und 15.30 – 19 Uhr

33 E-Mark

Hier bin ich Kind

Die Leidenschaft für kleine Züge hatte Enrique Konigsman schon als Sechsjährigen gepackt. Zunächst jedoch führte ihn das Berufsleben auf ganz andere Wege. Nach einem weiteren dreijährigen Studium an der Hochschule für Textil und Design in Reutlingen verschlug es den aus Argentinien stammenden Elektroingenieur in die Textilbranche. 1991 holte ihn eine italienische Firma in Cinisello Balsamo aus Brasilien zurück, da er ein spezielles Verfahren entwickelt hatte, um Stoffe zu trocknen. Mit der Textilkrise Ende der 1990er Jahre entschloss sich Konigsman, aus seinem Hobby endlich einen Beruf zu machen, eröffnete einen kleinen Laden in Mailand und begann, alte Modelleisenbahnen aus der Zeit vor 1985 zu sammeln. Seine ältesten Märklinzüge sind von 1890!

Den winzigen Laden füllt eine Eisenbahnlandschaft der 1960er Jahre. Ringsumher stehen Vitrinen mit Miniautos, Lokomotiven und Waggons. Auf einem Regal reihen sich verschiedene Modelle von funktionierenden Dampfmaschinen aneinander.

Herr Konigsman baut Modelllandschaften, gibt Tipps und berät seine Kunden. Vor allem aber repariert, restauriert und verkauft er Vintagezüge. Seine Fachkenntnisse in der Mikromechanik kommen ihm auch in anderen Bereichen zugute. Er repariert Uhren, Fotoapparate, Filmprojektoren. Und wenn er im Sommer Zeit hat, entlässt er seine selbst konstruierten ferngesteuerten Flugzeuge in die Lüfte.

Eine Leidenschaft mit Suchtfaktor: Unzählige Erwachsene verkriechen sich in Dachkammern oder Hobbykellern, um das richtige Eisenbahnerleben en miniature zu erfahren. Wie weit die große Liebe zu kleinen Loks verbreitet ist, zeigen auch Prominente in der Politik. So erfreute sich der italienische Staatspräsident Giovanni Gronchi an seiner Miniaturbahn samt Szenerie im Quirinale in Rom. Vielleicht schrumpften mit ihr große Probleme. Schmunzelnd sagt Konigsman: »Meine Kunden sind Kinder mit Bart und weißen Haaren.«

Adresse Via Galvano Fiamma 17, 20129 Mailand, Tel. +39/02/70006430, www.emarkmilano.it, enriquek@tin.it | **Anfahrt** Tram 9, Haltestelle Viale Premuda, Tram 27, Haltestelle Piazza Santa Maria del Suffragio | **Öffnungszeiten** Mo–Fr 9.30–13 und 15.30–19.30 Uhr, Sa 9.30–13 Uhr (Samstagnachmittag nach Vereinbarung)

34_ Emiliana Tortellini
Er-Füllung

Hausgemachte Pasta ist in ganz Italien ein Muss; für Menschen aus der Emilia im Speziellen müssen es *tortellini* oder *ravioli* sein. Die haben nichts mit den abgepackten oder gar in Dosen abgefüllten Ravioli zu tun. Nadia Magnanis Tortellini werden aus frischen Bioeiern und gutem Mehl ohne Zusätze hergestellt. Gefüllt sind sie mit Käse, Ei und diversen Fleischsorten, die mindestens drei Stunden lang geschmort wurden. Ihre Kochkünste hat Nadia von ihrer sizilianischen Mutter gelernt, die mit 16 nach Mailand gekommen war und als *sfoglina* – »Teigausrollerin« – im Schaufenster eines Pastaladens saß. Ihr Vater hingegen stammt aus der Emilia; somit hat Nadia das Herstellen von frischer Pasta quasi offiziell im Blut.

Mit sizilianischem Temperament und emilianischer Herzlichkeit erzählt sie von ihrer Kochleidenschaft. Früher hat Nadia im Laden ihrer Mutter beim Zubereiten von »Pasta« ausgeholfen. 2006 dann entschied sie, ihren nudelfernen Angestelltenjob aufzugeben, nahm an Kochkursen teil, suchte kleine, gute Hersteller auf und eröffnete ihren Laden. Der nächste Schritt bestand darin, die Pasta nicht nur zu verkaufen, sondern an Ort und Stelle zu servieren.

Das Experiment gelang: Heute kann man sich mittags an einen der kleinen Tische setzen und Pasta sowie andere Köstlichkeiten genießen. Nadia hat viele Stammkunden. Das Hauptgeschäft jedoch bleibt der Verkauf. In der großen Glastheke locken goldgelbe Eierteignudeln in verschiedenen Formen: Tagliatelle, Tortellini, ofenfertige Lasagne und Ravioli in allen Variationen – die klassischen mit Spinat und Ricotta, andere mit Kürbis, Auberginen oder mit rotem Radicchiosalat und Äpfeln gefüllt. Ihre Kunden probieren gern ihre raffinierten Kreationen. Am Wochenende gibt es viele Vorbestellungen, auch Sonderwünsche werden erfüllt.

Gern probiert die Nudelkönigin auch neue Rezepte aus. »Da ich keine gelernte Köchin bin, bin ich nicht so festgelegt«, sagt sie lachend.

Adresse Via Ariberto 17, 20123 Mailand, Tel. +39/02/58109707, info@emilianatortellini.it | **Anfahrt** Metro M 2, Haltestelle Sant'Ambrogio | **Öffnungszeiten** Di–Sa 10–15 und 16–19 Uhr

35 Eral 55

Ermannos Händchen

Schaufenster wie Bühnenbilder: Schon von Weitem ziehen sie alle Blicke auf sich. Ein Tiger mit Krawatte. Ein Gorilla im Jeanssakko. Die extravagant bekleideten Büsten schmücken erstaunlich realistisch wirkende Tierköpfe, oder mal nur ein Hut: animalische »Models«, die neugierig machen. Allein die Deko sorgt immer wieder für neue Überraschungen.

Drinnen im Laden schweben Fahrräder an der Decke. Aus einer Ladeneinrichtung vom Anfang des 20. Jahrhunderts stammen die Tische. Um zwei Säulen gruppieren sich edle englische und amerikanische Secondhand-Lederschuhe. Aber von wegen Anno Pief; hier versammelt sich die Internationale des Herrenchics. Die gestreiften Sakkos etwa sind eine Mischung aus Rock 'n' Roll und *Noblesse oblige* – abgefahren aristokratisch. Darüber steht eine Kollektion von Cowboystiefeln. Nichts ist verpackt, Kleidungsstücke hängen lässig herum. Kein Zufall: Alles ist bis ins Detail inszeniert.

»Regie« führt hier Inhaber Lazzarin Ermanno seit 40 Jahren. Damals war der Corso Como noch Peripherie; heute ist er die Trendmeile. Schon mit der Wahl der Location war Ermanno seiner Zeit voraus. Heute arbeitet Sohn Luca mit. Hier findet der Herr alles, was er braucht, um von Kopf bis Fuß auf alles eingestellt zu sein. Wild und verwegen geht es hier zu, aber trotzdem stilvoll.

Das Besondere ist Ermannos originell komponiertes »Menü« aus Brands, eigener Produktion und Vintagemode. Manchmal bringen die Herstellerfirmen auf seinen Wunsch kleine Änderungen an, andere Male lässt er die gekauften Stücke färben oder »alt« waschen. Oder in seiner Schneiderwerkstatt wird individuell umgearbeitet. Jacken etwa bekommen dann ein Futter aus Vintage- oder Jeansstoff. Sie können sich auch Ihren Anzug maßschneidern lassen und den Stoff in einem veritablen Wälzer von Musterbuch aussuchen. Auch in Japan produziert eine Firma eine Linie eigens für Eral 55. Vertrauen auch Sie seinem schneidigen Händchen.

Adresse Piazza XXV Aprile 14, 20124 Mailand, Tel. +39/02/6598829, www.eral55.com, info@eral55.com | **Anfahrt** Metro M 2, Haltestelle Garibaldi | **Öffnungszeiten** Mo, Sa, So 10.30–19.30 Uhr, Di–Fr 10.30–22.30 Uhr

36__ Era L'Ora

Es war Zeit

Wie die alle ticken! Uhren sind vor allem Männersache, zumal für sie die Auswahl an Accessoires begrenzt ist. Werden sie mal vom Jagdfieber gepackt, horten sie bisweilen alles, was tickt. Es gibt verschiedene Uhrensammler: einmal den »Themensammler«, der Spaß an bestimmten Objekten hat, oder denjenigen, der mit Geduld und Fachwissen seine Kollektion komplettiert, und solche, denen es vorwiegend um Statussymbole und Schnäppchen geht. Der Sammlermarkt ist spekulativ geworden, und auch Uhren sind eine Investition. So kommen seit einigen Jahren viele internationale Kunden in das Uhrengeschäft. »Meist geht es gar nicht um die Zeitmesser, sondern um ihren Wert«, erzählen Stefano und Alessandro Lorenzi.

Vater Pietro Lorenzi hat schon in den 1970er Jahren alte Armbanduhren gesammelt, zu einer Zeit, als andere Passionierte vorwiegend Taschen- und Pendeluhren suchten. Erst in den 1980er und 1990er Jahren boomten die Chronometer am Handgelenk. 1984 eröffnete er sein Geschäft »Era L'Ora« – Es war Zeit. Sohn Stefano begann 18-jährig im Geschäft mitzuarbeiten. Die Brüder sind weiterhin auf Armbanduhren spezialisiert, verkaufen aber auch Pendel-, Stand- und Taschenuhren – auch für Damen. Dank Vaters Netzwerk in aller Welt haben sie viele Kontakte zu Vertrauenshändlern.

Bekannt sind die Lorenzis jedoch vor allem fürs Reparieren und Restaurieren. »Unsere Stärke sind unsere drei Männer«, erzählt Stefano, »die handwerkliche Meisterleistungen an den filigranen, hochkomplexen Innenleben der Uhrwerke vollbringen.« Das Schöne an den mechanischen Uhren ist ihre Langlebigkeit. »Spannend ist es, manchen Stücken wieder zu begegnen. Neulich brachte uns ein Kunde eine seltene Cronacvatic mit schwarzem Zifferblatt, die wir bei einer Auktion 1989 in Monte Carlo verkauft hatten. Sie hatte noch die von uns handgeschriebene Garantie und war inzwischen durch viele Hände gegangen.«

Und wurde noch wertvoller – mit der Zeit.

Adresse Corso Magenta 22, 20123 Mailand, Tel. +39/02/86450965, www.eralora.com, eralora@eralora.com | **Anfahrt** Metro M 1, M 2, Haltestelle Cadorna; Bus 94, Haltestelle Largo D'Ancona | **Öffnungszeiten** Mo 13–19 Uhr, Di–Fr 10–19 Uhr, Sa 10–13 Uhr

37_ Erboristeria Novetti
Die Kräuterapotheke

Hinter dem Ladentisch stehen Francesco und Elena Novetti. Herr Novetti hört sich geduldig die Leiden seiner Kunden an, fragt nach, erkundigt sich, ob und welche Medikamente sie nehmen, verschwindet in seinem Büro und kehrt mit einem Rezept zurück. Sodann nimmt Tochter Elena die Kräuter aus hohen Gläsern und Schubladen, wiegt sie und mischt sie gekonnt in einer großen Dose, als mixe sie einen Cocktail. Die richtige Zusammensetzung und Dosierung der Pflanzen wird hier für jeden einzeln abgestimmt.

Die »Kräuterapotheke« gründete Italo Novetti 1952. Sein Sohn Francesco studierte zunächst Medizin, spezialisierte sich jedoch in Florenz auf Heilkräuterkunde und arbeitete ab 1973 bei Vater Italo mit. Das waren Jahre, in denen das Interesse an Naturheilmitteln wieder wuchs, nachdem sie von der modernen Pharmakologie verdrängt worden waren.

Elena studierte Agrarwissenschaften und schrieb ihre Diplomarbeit über Heilpflanzen, bevor sie Großvater und Vater folgte. Ihre »Herbathek« sieht heute noch so aus wie vor 60 Jahren. An den Wänden hängen Fotos, Diplome und Auszeichnungen sowie ein von Italo Novetti gebasteltes, aufklappbares Holzköfferchen mit 32 Pflanzen. Neben den losen Einzelkräutern in alten Glasbehältern, mit handgeschriebenen Etiketts voller seltener Namen wie »Sassafras« und »Raue Stechwinde«, gibt es auch Kapseln und Tinkturen, die Novetti von einem Labor herstellen lässt. Beinahe gegen jedes Wehwehchen ist ein Kraut gewachsen, mit dem sich medizinische Behandlungen unterstützen lassen. »Es reicht nicht, die Wirkstoffe der einzelnen Pflanzen zu kennen. Man muss auch etwas über die Leute wissen, um sie richtig beraten zu können. Leider kommen viele erst zu uns, wenn sie schon alles versucht haben und die traditionelle Medizin ihnen nicht mehr weiterhilft«, bedauert Herr Novetti. Andere kommen seit Generationen: früher mit ihren Großeltern, heute mit ihren Enkelkindern.

Adresse Via Paolo Sarpi 63, 20154 Mailand, Tel. +39/02/33603259, www.novetti.herboranet.it, novetti@herboranet.it | **Anfahrt** Bus 43, 57, Haltestelle Via Canonica Via Sarpi; Tram 12, 14, Haltestelle Via Bramante Via Sarpi | **Öffnungszeiten** Di–Sa 9–12.30 und 15.45–19.30 Uhr

38 __ Ferramenta Pietro Viganò

Bei Muttern

»Ich hätte gern eine ganz kleine Mutter für dieses Schräubchen.« –
»Macht 20 Cent.« »Hast du mal was, womit ich einen Pfennigabsatz
festschrauben kann?« – Der Schuster von nebenan. Auch ihm kann
geholfen werden.

Kein Wunder: Seit 1927 findet man in der Ferramenta Viganò
schlicht alles, was man braucht. Als Großvater Pietro das Eisenwarengeschäft eröffnete, gab es hier fast nur Handwerksbetriebe
und Kleinindustrie. Seitdem haben sich Viertel und Kundschaft
erheblich verändert: Industrie und Handwerk sind beinahe ganz
verschwunden. In den 1960er und 1970er Jahren wurden große
Wohnhäuser gebaut. In den 1980er Jahren kamen Shootingstudios
für Models und Showrooms hinzu. Hier hat auch der »Fuori Salone«,
für viele die wichtigste Parallelveranstaltung der Möbelmesse, seinen
Anfang genommen. Der Stadtteil wird immer schicker, nur das
Eisenwarengeschäft trotzt den wechselnden Moden: Es ist genauso
geblieben, wie Großvater es hinterlassen hat: grau, alt, staubig, mit
vollgestopften Holzregalen, die bis zur Decke reichen.

Giulio Velati führt es in der dritten Generation. Sein Architek-
turstudium hat er abgebrochen, um das Geschäft von der Mutter
zu übernehmen. Auch Sohn Mattia scheint fürs Eisen berufen zu
sein. Im Hinterhof stehen riesige Bleche und Profileisen, die nach
Maß geschnitten werden, denn Betriebe und Handwerker werden
immer noch beliefert. Heute sind vor allem die Bewohner des
Viertels Viganòs Kunden und erstehen hier – genau! – Muttern,
Schlüssel, Bohrer und jegliches Werkzeug für Haus und Garten.
Restauratoren finden alte Schrauben mit besonderen Gewinden, die
nicht mehr produziert werden, oder Nägel mit besonderen Köpfen.
Während der Möbelmesse wird der hintere Raum nun doch etwas
zeitgemäßer freigeräumt, um Ausstellungen zu beherbergen.

»Was hätte Großvater Pietro für einen Spaß daran gehabt!«, und
seine Mutter wäre sicher stolz auf ihn.

Adresse Via Montevideo 8, 20144 Mailand, Tel. +39/02/58100572, www.myferramenta-milano.it, viganopietro@katamail.com | **Anfahrt** Metro M 2, Haltestelle Porta Genova | **Öffnungszeiten** Mo–Fr 8.30–12.45 und 14–18.30 Uhr

39 _ Fiori e Piante di Fanizza Vito

Komponier mir einen Strauß

Pittoreske Farbtupfer mitten im Verkehr der grauen Stadt, das sind die Mailänder Blumenkioske. Sie sind Lichtblicke, die Heiterkeit verströmen, und Anlaufstellen, um das Einerlei des Alltags gegen die prächtigen Farben von Blüte und Blatt einzutauschen. Denn einen solchen Stand zu betreiben, erfordert echte Passion und die Bereitschaft, hart zu arbeiten. Jeden Tag muss der Stand von Neuem auf- und wieder abgebaut werden; man ist bei jeder Witterung draußen, den Elementen ausgesetzt.

Vito hat seinen Stand vor etwa 20 Jahren gekauft. Schon sein Vater verkaufte Blumen; auch alle seine Geschwister besitzen Blumenkioske an anderen Ecken Mailands – eine kleine florale Dynastie. Vitos Blumenbude steht an einer besonderen Stelle zwischen dem monumentalen Justizpalast der 1930er Jahre und der im Zweiten Weltkrieg schwer bombardierten Kirche San Pietro in Gessate aus dem 15. Jahrhundert. »Meine Blumen sind für die Lebenden. Aber auch für die Toten. Mal muss ich einen Hochzeitsstrauß, mal ein Trauerkissen zusammenstellen«, so der Florist. Seine Kundschaft sind Anwohner dieser feinen Wohngegend und VIPs. Viele bestellen morgens auf dem Weg zur Arbeit ihr Bouquet, das sie am Abend abholen. Vito kennt den Geschmack seiner Kunden; sie vertrauen seiner Erfahrung. Ihm reicht es zu wissen, für welchen Anlass der Strauß sein soll, und natürlich, wie hoch das Budget ist. Dann kommt der Teil der Arbeit, der ihm am meisten Spaß macht: den Strauß zu komponieren.

Dreimal die Woche werden die frischen Blumen aus Italien geliefert, viele kommen auch aus Holland. Vito bestellt nur Blumensorten und die auch nur in den Farben, die ihm gefallen, wie etwa rote Amaryllis. Freesien, Tulpen und Rosen wiederum gibt es immer. Und die Pfingstrosenpracht im Frühjahr ist einfach berauschend – wie ein Strauß-Walzer für alle Sinne.

Adresse Piazza San Pietro In Gessate 2, 20122 Mailand, Tel. +39/02/54100845, fanizza_vito@yahoo.it | **Anfahrt** Metro M1, Haltestelle San Babila; Tram 12, 27, Haltestelle Corso Porta Vittoria oder Palazzi di Giustizia | **Öffnungszeiten** Mo–Sa 9–20 Uhr

40__Fontana & Fontana Pasticceria

Das Salz in der Sahne

Exquisit aussehende Törtchen schmücken das Schaufenster. Sie treten ein und stehen vor dem Tresen, in dem weitere Kuchen, Kekse, mit Schokolade überzogene Früchte oder Pralinen locken. Die Käufer sind Stammkunden oder solche, die einmal einen Kuchen als Gastgeschenk bekommen haben. »Hätten Sie besondere Kekse für ein ausgefallenes Geschenk?«, fragt eine Kundin. – »Möchten Sie vielleicht diese mit salzigem Karamell oder lieber diese mit hart gekochtem Eigelb?« Man kann hier nur kaufen, keinen Kaffee trinken, kein Direktverzehr. Die Konzentration gilt ganz dem Produkt. »Wir erfinden nichts Neues, wir adaptieren und re-interpretieren existierende Rezepte«, so Massimiliano und Orsola Fontana.

Das Ehepaar führt ihre Patisserie seit zwölf Jahren. Massimiliano hatte bereits in Vaters Bäckerei ausgeholfen. Nach dem Philosophiestudium arbeiteten die beiden zuerst im Kunstbereich und fürs Fernsehen. Doch es war das Konkrete, das die beiden Philosophen in den Bann zog; so wurden sie Konditoren, konzentrieren sich dabei aber auf das Wesentliche: Sie backen genau zwei Arten von Kuchen, diese allerdings in vielen Variationen: Mürbteigkuchen und Torten. Alles wird von Hand und nur mit frischen Zutaten zubereitet. Auf Kakaomürbteig kommt Obst je nach Saison.

Der Renner ist die »Frangipane«, eine mit Pistazien und Himbeeren dekorierte Mandelcreme. Klassische Mousse mit drei Schokoladen gibt es immer. Oder mit Karamell und Äpfeln, im Herbst mit Kaki und »Marrons glacés«. Aus französischer Schokolade zaubern sie Pralinen mit Calvados, Himbeeren, Pistazien und Zimt oder mit salzigem Karamell. Natürlich führen sie ebenso die traditionellen »Boeri« und »Alchechengi« »für unsere Großväterchen«, denn die haben keinen Sinn für Salz im Kuchen.

Adresse Via Vincenzo Foppa 37, 20144 Mailand, Tel. +39/02/48951466, fontanaepiazza@fastwebnet.it | **Anfahrt** Bus 50, Haltestelle Via Foppa/Via Stendhal | **Öffnungszeiten** Mo–Sa 9–13 und 16–20, So 9–13 Uhr

41__Foto Veneta Ottica

Eine Brillenlänge voraus

Sie erklimmen den ersten Stock und betreten verwundert Räume einer anderen Epoche. Der aus dem Veneto stammende Großvater Gabriele Bisello hatte hier 1931 ein Fotolabor eröffnet. Gern kamen die Damen zu ihm, denn wie kein anderer konnte er Passfotos retuschieren – zu einer Zeit, als es noch kein »Photoshop« gab. Mit 16 begann Sohn Giorgio mitzuarbeiten. Seine Passion jedoch galt den Brillen; er besuchte die Abendschule, um Optiker zu werden. So kam vor 50 Jahren zu Foto Veneta »Ottica« hinzu: kein simples Brillengeschäft, sondern ein Brillenmuseum in alten Räumen und mit schönen Kachelböden, in denen alles so geblieben ist wie einst.

Früh begann Giorgio Bisello Augengläser aus allen Epochen zu sammeln. In Vitrinen und Schaukästen können Sie Hunderte von Monokeln, bunten Pincenez, Lorgnons, Linsen und Brillen aus dem 18., 19. und 20. Jahrhundert in allen Materialien, Formen und Farben bestaunen. Oft werden sie für Filme, Werbung oder Fotoshootings verliehen. Überdies ausgestellt: antike Ferngläser und Fotoapparate, Vergrößerungsgläser und Mikroskope, Lithophanien und Glasbilder für Laternae magicae. Auch die vielen Schubladen bis hoch zur Decke sind voller Schätze.

»Vor Vaters Sammelleidenschaft ist nichts sicher«, sagt Sohn Emanuele, der nach einem Wirtschaftsstudium nun schon in der dritten Generation das Geschäft führt. Er ist für die neuen Brillen zuständig; auch sie sind reich vertreten. Alle gängigen Marken und Modelle finden Sie hier, auch wenn Emanuele besonders stolz auf seine ausgefallenen Stücke ist. Winzige neue Firmen oder junge Designer stöbert er auf, um als Einziger besondere Gestelle zu bieten. Denn nicht lange – und die Konkurrenz führt seine Entdeckungen ebenfalls. Doch dank seiner einmalig kreativen Auswahl an Vintagemodellen neben phantasievollen, klassischen und supermodernen Gestellen bleibt der fixe Optiker immer eine Brillenlänge voraus.

Adresse Via Torino 57, 20123 Mailand, Tel. +39/02/8055735, www.fotovenetaottica.com, info@fotovenetaottica.com | **Anfahrt** Metro M 1, M 3, Haltestelle Duomo; Tram 2, Haltestelle Via Torino/Via Santa Maria Valle | **Öffnungszeiten** Mo–Sa 9–12.30 und 15–19.20 Uhr

42 Fumagalli & Dossi Gipsoteca

Gipt's nich gipt's nich!

Hätten Sie lieber die Venus von Milo, den Kopf von Canova oder eine Renaissancefigur im Wohnzimmer? Kein Problem, »gipt's« hier alles! Verborgen in einem Hinterhof öffnet sich eine Tür zur Zeitreise »direttamente« in die Renaissance. Zunächst ist die Fumagalli & Dossi »Gipsoteca« ein heller Raum mit weiß leuchtenden Gipsfiguren in allen Größen und Epochen. Strenge Büsten blicken herab, kleine Halbreliefs mit Putten, Blumen, Pflanzen verströmen Heiterkeit. Stolze Pferde und Tierköpfe schmücken Regale und Wände. Im Nebenraum raspelt und spachtelt Mario Dossi an einer Figur, »denn Gips wartet nicht, er wird schnell hart«. Dabei erzählt er, wie er 16-jährig dank seinem viel älteren Schwager Agostino Fumagalli mit dieser Arbeit begann. Die Gipsoteca mit etwa 500 Abgüssen von Originalkunstwerken gehörte Bertolazzi, der kinderlos war und sie 1974 den beiden vermachte. Heute führt Mario Dossi die Werkstatt gemeinsam mit seinem Neffen Roberto Fumagalli, der Kunst studiert hat.

In den 1970er Jahren konnten Fumagalli & Dossi eine Krise der Kunst gut überbrücken, denn sie modellierten zunächst für die Industrie, später für Designer, schufen Abgussformen für Plastikflaschen, Zahnarztstühle, selbst für Computertastaturen.

Seit 20 Jahren machen sie nur noch Kunst. »Unsere Kunden sind Kunstakademien und Museen, viele aus dem Ausland. Auch das Tastmuseum für Sehbehinderte in Ancona hat viele unserer Werke.« Gips-Faksimiles von Originalen im Maßstab 1:1 erleichtern das Studium der dreidimensionalen Meisterwerke, denen man sich ja nicht nähern darf. Auch Hotels schmücken ihre Hallen gern mit Statuen, und viele Privatkunden erfreuen sich an einer Büste. Die meisten Plastiken stehen in einer Werkstatt außerhalb von Mailand, aber Sie werden garantiert auch hier fündig.

Gipt's nich gipt's eben nich!

Adresse Viale Montello, 4, 20154 Mailand, Tel. +39/02/341028, www.fumagallidossi.com, info@fumagallidossi.com | **Anfahrt** Tram 2, Haltestelle Viale Montello | **Öffnungszeiten** Mo–Fr 8–12 und 14–17.30 Uhr

43_Funky Table
Tasse mit schiefem Henkel

Routine? Muss nicht sein! In diesem charmanten Laden wird Tischdecken zu einem kreativen Spiel nach Themen, Farben oder besonderen Sujets. Schließlich sollte der Ort, an dem wir viele unserer schönsten Momente verbringen, ein Genuss für alle Sinne sein. Die Zutaten für ein perfektes Tischleindeckdich bekommt man zwar überall, die Herausforderung hingegen besteht darin, eine originelle Auswahl und Zusammenstellung zu treffen.

Genau dies ist Mariangela Negronis Leidenschaft. Zunächst war sie in der Modebranche tätig, dann als Table Stylist für Modezeitschriften und für Kochbücher berühmter Küchenchefs. Gemeinsam mit ihrer Schwester Titti eröffnete sie Anfang 2015 schließlich Funky Table: »Hier nehmen wir Sie auf eine virtuelle Reise durch die ausgestellten Objekte mit, die von Handwerk und unseren Recherchen erzählt.«

Jedes Stück – ob Teller, Glas, Tasse, Kanne, Schüssel, Besteck, Tischtuch oder Kerze – ist einzeln und persönlich ausgesucht. Viele sind Künstler- und Handwerksarbeiten, die gewollt mit Traditionen brechen – wie etwa eine Tasse mit schiefem Henkel. Schon für die Augen ein Schmaus sind handgemachtes Geschirr aus Südafrika, Keramik aus Portugal, Dänemark oder Apulien. Weiter geht das visuelle Bankett mit bunten, aus Elektrodraht gefertigten Tellern aus Mali, emaillierten, mit Blumen dekorierten Metalltellern aus China oder mit gold- und platinverzierten Tassen. Senegalesische Lampen aus recycelten Plastikflaschen tauchen Ihre Tafel in das passende Licht. Dazu passen Vintagegeschirr und aufpoliertes Alpacca-Silber-Besteck – gern auch individuell nach Wunsch mit Gravur. Sollte etwas zerbrechen, hilft der japanische »Kintsugi Repair Kit«, ein goldener Kleber, der einen Riss in eine wertvolle Naht verwandelt.

Die beiden Schwestern suchen ihre Tafelstücke auf Reisen, Messen, Trödelmärkten und in Künstlerateliers und haben dabei viel Spaß, Klassisches mit Ungewöhnlichem zu kombinieren, mit Motiven und Farben zu spielen, kurz: Surreales und Ironie aufzutischen.

Adresse Via Santa Marta 19, 20123 Mailand, Tel. +39/02/36748619, www.funkytable.it, funkyinfo@funkytable.it | **Anfahrt** Metro M1, M3, Haltestelle Duomo | Öffnungszeiten Mo 15−19 Uhr, Di−Sa 10−19 Uhr

44__ Galleria L'Affiche

Kunst der offenen Tür

Es begann plakativ: 1979 eröffnete Adriano Mei Gentilucci ein Geschäft für Ausstellungsposter in der Via Unione unweit vom Dom. Bald kamen Grafiken, Illustrationen und Arbeiten junger Künstler hinzu. Während die Poster 1991 in die Via Nirone umzogen, entwickelte sich der Kunstbetrieb zu einem Zentrum für Zeitgenössisches. Heute finden hier sechs bis acht Ausstellungen im Jahr statt.

Ein verschwenderisch bestücktes Labyrinth mit unzähligen Plakatständern, um die herumzunavigieren ein Kunststück in sich ist: Überall lehnen Stapel von Leinwänden. Dazwischen Skulpturen. An den Wänden Plakate, Bilder, Kunstfotos; von der Decke hängen alte Kronleuchter, daneben kuriose, zeitgenössische Lichtobjekte. In eine Ecke gedrängt steht ein winziges, rundes Cafétischchen mit ein paar Stühlen. Darauf liegt Adrianos Laptop: sein Arbeitsplatz und Salon.

Mittags werden hier Brötchen verspeist und zu jeder Tageszeit »un caffè« getrunken. Es ist ein ständiges Kommen und Gehen. Studenten der nahen Universität schauen vorbei. Kunden stöbern stundenlang oder suchen rare limitierte Auflagen von Ausstellungspostern. Adriano hilft und berät. Künstler mit Leinwandrollen oder Mappen unterm Arm gehen ein und aus. Denn: »Dies ist kein Laden, sondern eine Lebensphilosophie.« Ein anderer weiß: »Ein Ort mit einer besonderen Auswahl, die mit großer Konsequenz und der in vielen Jahren angehäuften Erfahrung von Adriano getroffen wird.« Viele bekannte Namen sind hier überhaupt erst zu Namen geworden; Adrianos Aufmerksamkeit galt schon immer noch unerkannten Talenten. So stellten bei ihm Guido Scarabotto, Gianluigi Toccafondo, Spider oder Simona Mulazzani aus, um nur einige zu nennen. Die vielen Werke passen gar nicht alle in den Laden. Darum werden Sie in einen Lagerraum schräg gegenüber begleitet, in dem Hunderte von Leinwänden in allen Größen und zusätzlich Skulpturen auf einer Galerie stehen. Ein Haus der gefundenen Kunst.

Adresse Via Nirone 11, 20123 Mailand, Tel. +39/02/86450124, www.affiche.it, affiche.galleria@libero.it | **Anfahrt** Metro M 1, M 2, Haltestelle Cadorna | **Öffnungszeiten** Mo 14.30–20 Uhr, Di–Sa 10–20 Uhr

45___Gay Odin

Chocolat

Schon beim Eintreten umweht Sie ein köstlicher Duft. Auch der lange braune Verkaufstresen ähnelt einer gigantischen Schokotafel. Hinter Glas liegen verlockende Schokoladen, Pralinen und Schokowaffeln in Nuss- und Eichelform. An der Wand prangen riesige Fotos, auf denen die Herstellung in der alten Fabrik in Neapel zu sehen ist.

Es war Kolumbus, der die ersten Kakaobohnen aus Amerika mitbrachte. Schon im 16. Jahrhundert trank man in Turin Schokolade – am Hofe der Savoyer. Doch erst zu Beginn des 19. Jahrhunderts wurde sie erstmals in festem Zustand hergestellt.

Möglicherweise ist Schokolade das erste Produkt der Globalisierung: Kakao aus Amerika und Zuckerrohr aus Asien. Der aus dem Piemont stammende Isidoro Odin gründete die Firma Gay Odin Ende des 19. Jahrhunderts in Neapel. Als er Onorina Gay heiratete, nannte er seine Schokoladenfabrik Gay Odin – ein gutes Beispiel für die Frauenquote. In den 1960er Jahren verkaufte Isidoro die Fabrik, die er noch bis zu seinem Tod leitete, an die Familie Castaldi-Maglietta. Wie einst verbleiben alle Phasen der Produktion in Neapel. Die Bohnen, Nüsse und Mandeln werden noch heute in einem Holzröster langsam geröstet und die Kakaomasse täglich frisch zubereitet. Einmal wöchentlich kommt eine Lieferung aus der Fabrik.

Bei Gay Odin werden Sie von Maria Rinaldi oder Zaira Franco bedient, beide Expertinnen. »Probieren Sie doch den ›vesuvio‹.« Der hat die Form des berühmt-berüchtigten Vulkans; auch seine Mandel- und Haselnusscremefüllung entfaltet im Gaumen explosives Vergnügen. Ein Must ist die zartbittere »foresta«, eine Art Borkenschokolade, die in bis zu drei Kilo schweren »Stämmen« erhältlich ist. Köstlich sind auch die mit »gianduia« gefüllten Waffeln. Alles wird hübsch verpackt. Im Winter lässt sich am Tresen oder an kleinen Tischen eine heiße Schokolade trinken, im Sommer ist die kalte Schokoladenmousse ein Genuss. Das braune Gold fließt zu allen Jahreszeiten.

Adresse Via San Giovanni sul Muro 19, 20121 Mailand, Tel. +39/02/39663509, www.gay-odin.it | **Anfahrt** Metro M1, Haltestelle Cairoli | **Öffnungszeiten** Mo 10–19 Uhr, Di–Sa 9.30–19.30 Uhr, So 10–14 Uhr

46___Il Gelato Ecologico
Doktors Eis

Zunächst wirkt die Eisdiele unscheinbar. Genau hier jedoch gibt es besonders köstliches Eis für buchstäblich jeden Gaumen – auch den anspruchsvollen oder gar den Problemgaumen. »Wie schmeckt Schokoladeneis mit Sojamilch?« Daniele reicht dem Kunden ein Löffelchen über den Tresen. »Merken Sie, es schmilzt langsamer auf der Zunge und wirkt deshalb kälter.«

1994 eröffnete der Medizinstudent Daniele Cuomo mit seiner Frau Simona die Gelateria Ecologica. Damals war »Bio« noch nicht in. Schnell sprach sich jedoch herum, dass nur frisches Obst und weder Chemie noch Aromen in dieses Eis kamen. Erste Kunden mit Laktoseintoleranz probierten sein Schokoladeneis mit Sojamilch. Nach und nach wurde die Gelateria zum Anlaufpunkt für Menschen mit Allergieproblemen, für Diabetiker, für alle, die nicht verzichten wollten. Das Fruchteis eignet sich auch für Veganer. Als eines Tages die Nachfrage nach koscherem Eis kam, lernte Daniele, dass auch ein Nichtjude koschere Nahrungsmittel zubereiten darf, solange er alle Reinheitsgebote einhält und keinen Alkohol verwendet. Anfangs überwachte noch der Rabbi das Verfahren, inzwischen hat Daniele das volle Vertrauen der jüdischen Gemeinde.

Eismachen ist für Daniele und Simona – von Haus aus Architektin und Gospelsängerin – eine gemeinsame Leidenschaft. Seine Organik-Kenntnisse aus dem Studium helfen ihm beim Ausprobieren neuer Rezepte und Zutaten für ein »seidiges« Eis. »Meine Kunden haben einen feinen Gaumen.« Sie schmecken die frisch gemahlenen Pistazien aus Bronte, die Mandeln und kandierten Früchte aus Noto, das Süßholz des Lakritzeises.

Natürlich gibt es auch Eis mit Milchprodukten und Eiern. Das mit Mascarpone etwa zergeht auf der Zunge. Dank einer besonderen, vertikalen Mischmaschine enthält dieses Eis wenig Luft, ist kompakter und der Geschmack intensiver, auch weil Daniele wenig Zucker verwendet. Der Genuss ohne Reue: Hier ist er so nah wie nie.

Adresse Via Ravizza 5, 20149 Mailand, Tel. +39/02/48010917, www.gelatoecologico.it, info@gelatoecologico.it | **Anfahrt** Metro M 1, Haltestelle Wagner oder De Angeli | **Öffnungszeiten** Nov., Feb.–April 14.30 – 21 Uhr, Mai – Okt. 14 – 24 Uhr (Ruhetag und Öffnungszeiten richten sich auch nach dem Wetter, siehe Facebook)

47 __Giochi dei Grandi

Im Land der Magier

Zunächst wirkt der Laden bescheiden, doch – Simsalabim!! – es führt eine Treppe hinunter in einen großen, geheimnisvoll düster gehaltenen Raum. Spiele aller Art füllen Tische und Regale: Puzzles, Karten-, Brett-, Party-, Strategiespiele. Schon seit etwa 40 Jahren gibt es hier Tischspiele für Groß und Klein, obwohl sie in Italien erst in den letzten Jahren bekannter und beliebter wurden.

Eine bunte Ecke gilt den Straßen- und Zauberkünstlern mit Einrädern, Jonglierbällen und -keulen, Diabolos und Devilsticks. Weiße Handschuhe, Karten und Zaubertricks in einer Vitrine ziehen künftige Hexenmeister magisch an. Lustige rote Clownsnasen quellen aus einem Behälter, Slacklines fesseln kleine Sportler, die Geschicklichkeit und Balance trainieren möchten. Bunte Drachen schließlich versprechen frohe Stunden an der frischen Luft.

Marco Ercole berät, welche Feuerstäbe am geeignetsten sind, und erklärt den Kunden die Preziosen der Schwarzkunst.

Sein Kollege Francesco Gallareto hingegen sitzt konzentriert an einem Computer und testet die neuesten Games. Doch sobald ein Kunde fragend um sich blickt, springt er geistesgegenwärtig auf. »Wir haben nur intelligente Spiele, bei denen man selbst denken muss, keine simplen Würfelspiele.«

Jede Novität probieren die beiden jungen Männer erst einmal selbst aus. »Es gibt Party-Games, die gehen schnell und sind nicht kompliziert. Bei den kooperativen Spielen geht es darum, gegen das Spiel zu gewinnen. Die German-Games sind Autorenspiele mit einer Mischung aus Strategie und leichten Regeln, die für die ganze Familie geeignet sind – wie ›Die Siedler von Catan‹ oder ›Carcassonne‹ –, während bei den amerikanischen Spielen Konfliktsituationen bei langer Spieldauer simuliert werden.«

Zum Angebot gehören auch verspielte Geschenkideen wie ein Regenschirm für Golfer, auf dem man die Punkte notieren kann. Hier finden Sie garantiert: keine Langeweile!

Adresse Via Santa Tecla 5, 20122 Mailand, Tel. +39/02/87068787, www.igiochideigrandi.it, giochideigrandi@giochiuniti.it | Anfahrt Metro M 1, M 3, Haltestelle Duomo | Öffnungszeiten Mo 15–19 Uhr, Di–Sa 10–19 Uhr

48__Giovanni Galli

Ein italienischer Traum

Wie Schmuckstücke zieren die bunten Marzipanpralinen und kandierten Früchte die kunstvoll arrangierten Schaufenster. Eine hauchdünne Glasur umgibt die berühmten Kastanien, die zehn Tage lang in einer Zuckerlösung geköchelt wurden. Das Geheimrezept der »Marrons glacés« brachte ein italienischer Konditor Ende des 19. Jahrhunderts aus Frankreich mit nach Mailand.

1911 übernahm Giovanni Galli die Konditorei der lukullischen Pioniertat, die nun in der vierten Generation von seiner Familie geführt wird. Heute gibt es zwei Geschäfte und die Schokoladenwerkstatt – eine Mailänder Institution. Großeltern und Eltern bringen Kinder und Kindeskinder dorthin, wo die süßesten Kindheitserinnerungen entstehen, seit es Naschwerk gibt. Seit über 100 Jahren – vor allem in der Weihnachtszeit – werden die vielen Köstlichkeiten in schönen Schachteln verpackt als Geschenke gekauft. Neben den in aller Welt geschätzten Marrons finden Sie hier »Boeri« – Kirschen in Likör – und die säuerlichen Beeren der Lampionblumen »Alchechengi«, die mit Schokoladenguss überzogen sind, sowie Schokoladen- und Marzipanpralinen, kandierte Veilchen und Rosenblätter.

Zu Weihnachten wird der Panettone mit glasierten Maronenstückchen statt der üblichen Rosinen gebacken; zu Ostern gibt es Colombe und Ostereier. Manche lassen Überraschungseier um kostbare Geschenke herum maßanfertigen. In der schönen Jahreszeit sind die innen weichen und außen leicht knusprigen bunten Fruchtgelees sehr beliebt. Vor allem seit es das Internet gibt, schickt Galli seine »Juwelen« in die ganze Welt. Man sollte sie möglichst frisch verzehren, da sie keine Konservierungsmittel enthalten.

Generationen von Stammkunden besuchen Galli jedes Mal, wenn sie in Mailand sind. So entdeckte hier Luchino Visconti in den 1940er Jahren Lucia Bosé; aus der bildschönen Verkäuferin wurde erst Miss Italia und dann ein Filmstar. Galli, das ist – der italienische Traum.

Adresse 1 Via Victor Hugo 2, 20123 Mailand, Tel. +39/02/86464833, www.giovannigalli.com, info@giovannigalli.com | **Anfahrt** Metro M 1, M 3, Haltestelle Duomo | **Öffnungszeiten** Mo–Sa 8.30–19.45 Uhr, So 9–13.30 Uhr (Dez. So 8.30–20 Uhr) | **Adresse 2** Corso di Porta Romana 2, 20122 Mailand | **Anfahrt** Metro M 3, Haltestelle Missori | **Öffnungszeiten** Mo–Sa 8.30–13 und 14–19.45 Uhr, So 9–13.30 Uhr

49__GoGobags

Immer gestylt

Nicht ohne meine Fahrradtasche! Mitten in dem kleinen Laden prunkt ein Fahrrad aus Holz. Die Rahmen bestehen aus recyceltem Teakholz alter Schiffe aus Jakarta. Zusammengebaut werden die edlen Stücke in Italien. Auch ein eigens für GoGobags entworfenes olivgrünes Velo mit breiten Reifen, die nicht in den Mailänder Straßenbahnschienen stecken bleiben, zieht Blicke auf sich, denn es erinnert an klassische Hollandräder. Ansonsten gibt es hier weder Drahtesel noch technisches Zubehör.

Stattdessen findet man wirklich alles das, was elegante, umweltbewusste Städter brauchen, die sich im verkehrsgeplagten Mailand auf zwei Rädern oder zu Fuß fortbewegen, und was eine Fahrradtour zu einem angenehmen Erlebnis macht. Regendichte Hosen, die jedoch elegant aussehen oder gar bürotauglich sind, Hosenbänder, T-Shirts, Regenkappen, Leggits – eine Art Galoschen, die Schuhe vor Wasser und Schmutz schützen. Körbe gibt es hier ebenfalls, Sättel und Radtaschen, handbemalte Klingeln aus Japan, Rucksäcke oder Schultertaschen. Sie können sie auch auf Maß bestellen.

Auf die Idee, einen solchen Laden aufzumachen, kamen Laura Broggi und Francesco Carcano, als sie bei einer Reise kleine Biker-Rucksäcke sahen, die es in Italien damals nicht gab. Bis heute tragen die beiden Velobegeisterten bei ihren Trips um die Welt alles zusammen, was schön und praktisch für Radfahrer ist, nach dem Motto: Lebensstil ist Mission.

Viele Artikel kommen aus den USA und aus Nordeuropa. Manche der Accessoires sind patentreif. In einem der Rucksäcke steckt eine Schutzhülle für Laptops, die sich in ein Sitzkissen verwandelt. So wie der Rainwrap, ein wasserdichter Rock, auch als Sitzdecke verwendet werden kann. Für die elegante Mailänderin gibt es einen Rock von einer Designerin aus Seattle, der selbst beim Pedaletreten immer perfekt sitzt. »Style« ist schließlich »an attitude«.

Da kann man mal das Auto in der Garage stehen lassen.

Adresse Via Vincenzo Monti 2, 20123 Mailand, gogobags@kfield.it | **Anfahrt**
Metro M 1, M 2, Haltestelle Cadorna | **Öffnungszeiten** Mo 15–18.45 Uhr,
Di–Sa 10.30–14 und 15–18.45 Uhr

50__Guenzati

Milano goes Kilt

Das älteste Stoffgeschäft Mailands liegt zentral am Duomo. Seit 1768 verkaufte Cav. Guenzati Stoffe und belieferte Klöster und Krankenhäuser damit. Der Laden wurde nie veräußert, sondern stets vom Vater an den Sohn vererbt. Gab es keinen Erben, ging er an die jüngsten Verkäufer über und behielt seinen Namen. So wurde Vittorio Ragno 1968 Inhaber des Geschäfts, das schon seit den 1950er Jahren britische Stoffe führte – in einem Mailand, in dem es noch viele Tuchgeschäfte und Schneider gab.

Auf einer Reise nach Schottland verliebte sich Ragno in Tartans und kaufte große Mengen davon; neben irischen und britischen Tweeds umfasste sein Sortiment nun auch über 250 Schottenkaros.

In den 1970er Jahren verwandelten sich die meisten Tuchhandlungen Mailands in Konfektionsgeschäfte. Guenzati blieb den angelsächsischen Geweben treu und begann sogar, Kilts und Morgenröcke aus Tartans hierzulande nähen zu lassen. Bei seinen Fahrten nach England und Irland entdeckte er immer neue Hersteller und brachte neben Pullovern aus Shetlandwolle und Kaschmir aus kleinen Strickereien Hüte, Bowler, Zylinder und Deerstalker-Mützen – Sherlock Holmes lässt grüßen – mit.

Heute geht die Nachfrage an Stoffen weiter zurück. Das Angebot an Schals, Schlipsen, Westen und Hüten jedoch wächst. Junge Ladys finden hier sogar Minikilts. Die Auswahl an Tartans, britischen und irischen Tweeds aus kleinen Manufakturen allerdings ist so vielfältig, »dass selbst Briten bei uns Stücke finden, nach denen sie auf ihren Inseln lange suchen müssten«, erzählt Luigi Ragno, der heute mit Vater Vittorio den Laden führt. Aus dem Schrank hinter dem langen, geschichtsträchtigen Verkaufstisch zieht er Kiltzubehör hervor: Sporrans (Taschen), Gürtel, Kappen, Strümpfe, Strumpfhalter (Garters) und -messer (Sgian Dubh), Broschen, Kilt pins – und erzählt: »Es gibt auch in Italien Leute, die im Kilt heiraten und alles dafür bei uns finden.«

Adresse Via dei Mercanti 21, 20123 Mailand, Tel. +39/02/86460423, dittaguenzati@fastwebnet.it | **Anfahrt** Metro M 1, Haltestelle Cordusio, M 1, M 3, Haltestelle Duomo | **Öffnungszeiten** Mo 15 –19.15 Uhr, Di – Fr 10 –13.15 und 15 –19.15 Uhr, Sa 10.30 –13.30 und 14.30 –19 Uhr

51__Guffanti

Einen Schritt voraus

Aus ganz Italien und über 150 Jahre lang kommen Menschen her – auf der Suche nach Knöpfen, die man sonst nirgendwo findet. Seit 1859 nämlich ist die Merceria Guffanti eine Institution. 1929 übernahm Giuseppe Besozzi den Laden, Großvater des heutigen Inhabers. Damals beschäftigte er 80 Angestellte, denn die Kundschaft wurde nicht nur bedient, sondern es wurden auch viele Arbeiten durchgeführt. Noch heute lässt Matteo Besozzi, der den Laden mit Hilfe seiner alten Eltern führt, vieles in Werkstätten fertigen – wie Gürtel, Stoffblumen, Haarschmuck für Bräute und Modeshows, mit Swarovskisteinen besetzte Broschen oder Knöpfe.

Nicht nur das Angebot an Perlmutt-, Holz-, Leder-, Horn-, Metall- und Vintageknöpfen ist enorm, auch Posamenten, handbestickte, samtene und gerippte Bänder in allen Nuancen, gibt es hier, ebenso Valencienne-, Sangallo- und Makrameespitzen. Auch Schleier, Schleifen, Baumwoll- und Seidentüll sind als Meterware in solchen Mengen vorhanden, dass sie zwei Stockwerke Lagerraum füllen.

Hier suchen Sie die Ware aus großen Musterkatalogen aus, die auf dem Tisch ausgebreitet werden. Die fachkundigen Ladenbesitzer beraten und holen aus ihren Lagern alles Gewünschte herbei. »Und was wir nicht haben, lassen wir machen«, versichert Matteo Besozzi. Viele kaufen originelle Versatzstücke, mit denen sie Kleidung von der Stange veredeln und individualisieren.

Im oberen Stockwerk befindet sich eine Abteilung für Lingerie und Bademode. Bekannte italienische und internationale Marken sind hier mit klassischen und extravaganten Modellen vertreten, die wie heiße Bikinis weggehen.

Hochkonjunktur hat der Laden während der Modewochen, wenn für die Schauen Haute-Couture-Accessoires gefertigt werden. Modeschöpfer und Modedesignstudenten finden hier das ganze Jahr über, was sie für ihre Kreationen brauchen. »So wissen wir schon immer im Voraus, was in der nächsten Saison angesagt ist.«

Adresse Corso di Porta Romana 7, 20122 Mailand, Tel. +39/02/864485,
www.mercerieguffanti.com, info@mercerieguffanti.com | **Anfahrt** Metro M 1, Haltestelle
Duomo, M 3, Haltestelle Missori | **Öffnungszeiten** Mo 15–19 Uhr, Di–Sa 9.30–13.30
und 14.30–19 Uhr

52___Hodeidah

Hier geht es um die Bohne

Man riecht es schon von Weitem, wenn geröstet wird. Seit 1946 wird der Kaffee in derselben, mit Kohle betriebenen gusseisernen Trommelröstmaschine »Vittoria« gebrannt. Vielleicht ist sie die letzte, die noch mit Kohle befeuert wird.

Fulvio Rossi ist mit diesem Aroma aufgewachsen. Seine Eltern – der Vater war Fotograf, und die Mutter arbeitete bei einer Versicherung – haben 1973 ihre Berufe an den Nagel gehängt und die »Torrefazione« übernommen. Ihre Wohnung lag direkt über der Kaffeerösterei mit Geschäft. Fulvio hat schon früh begonnen mitzuhelfen und ist so in das Metier hineingewachsen. Deshalb folgt er keiner Mode, nur seiner Nase. Alle zehn bis fünfzehn Tage werden die grünen Kaffeebohnen in dem kleinen hinteren Raum geröstet, den man vom Laden aus sieht. Temperatur und Dauer richten sich nach Kaffeesorte und Jahreszeit; dabei verhilft Fulvios Erfahrung jedem Kaffee zur Entfaltung seines individuellen Geschmackspotenzials. In Jutesäcken oder Fässern kommen die Bohnen roh an und tragen exotische Namen wie »Kopi Luwak« aus Indonesien, rar und teuer, »Jamaica Blue Mountain«, der als der Champagner unter den Kaffees gilt, oder »Nepal Mount Everest« aus der nördlichsten Kaffeeplantage der Welt. Denn neben den klassischen Mischungen gibt es hier auch acht sortenreine Kaffeesorten.

Ebenso stolz ist Fulvio auf seine über 100 Sorten Tee. Der winzige Laden quillt über von weiteren Köstlichkeiten – wie die hier gerösteten, von Chocolatiers mit Schokolade überzogenen Kakao- und Kaffeebohnen. Überhaupt macht Fulvio Rossi das Experimentieren Spaß; das Ergebnis sind immer neue aromatisierte Kaffees für alle Jahreszeiten.

Am Tresen der Bar trinken alle aus dem Viertel ihren »caffè«. Auch eine kleine Einführung in die verschiedenen Kaffeesorten und Mischungen kann man sich hier gönnen, etwa einen »Yauco Selecto« aus Porto Rico oder einen »Cuba Altura Lavado«. Das sind Bohnen, bei denen es um die Welt geht.

Adresse Via Piero della Francesca 8, 20154 Mailand, Tel. +39/02/342472, www.hodeidah.it, info@hodeidah.it | **Anfahrt** Tram 1, Haltestelle Corso Sempione via Cesare Procaccini, Tram 12, Haltestelle Piazza Gramsci | **Öffnungszeiten** Mo–Sa 7–19.30 Uhr, Dez. auch So 9–13 und 15–19 Uhr

53 Imarika

Menschen machen den Ort aus

Am liebsten würde *frau* hier in jedes Kleid schlüpfen. Der Stil: feminin, romantisch, mit nostalgischem Flair. Auf den Bügeln hängen exklusiv ausgewählte Marken, die man woanders nicht so leicht findet. »Ich bin immer auf der Suche nach jungen, noch unbekannten Talenten. Viele Kleider heute berühmter Modedesigner hatte ich als Erste in meinem Laden«, und bis heute trotzt Benedetta Bevilacqua jeglichen Trends.

Als sie mit ihrer Schwester Maria Bevilacqua 1979 ihren winzigen Laden eröffnete, gab es ringsum noch keine Modegeschäfte. Jedes Mal, wenn einer der Nachbarläden schloss, vergrößerte sich ihrer um ein Stückchen. Ein kleines Familienunternehmen entstand. Schwester Giuseppina arbeitet mit, und vor zehn Jahren ist Benedettas Sohn Maximiliano Cattaneo mit eingestiegen: »Ich kam zu einem Zeitpunkt großer Veränderungen. Immer mehr Brands öffneten ihre Flagshipstores. Wir mussten unseren Geschmack und den unserer Kunden bewahren, aber gleichzeitig ausgefallener, einzigartiger sein.«

Bei ihrer Kleidersuche rings um die Welt legt die Familie größten Wert auf schöne Stoffe, originelle Formen, besondere Details, wie etwa die extravaganten Einfälle des britischen Kleidermachers Paul Harnden oder jene des französischen Labels Rochas. Daher arbeiten sie eng mit Modeschöpfern zusammen, lassen Stücke eigens für ihren Laden umändern und suchen Stoffe wie Muster für die Modelle aus.

»Ich verkaufe nur, was mir gefällt. Sonst könnte ich es nicht vermitteln. Meine Kunden müssen mir vertrauen. Dann haben sie sicher Erfolg mit meinen Kleidern!«, so Bevilacqua. Trotz ihres eigenen Erfolges hat sie nie ein zweites Geschäft aufgemacht, »denn Menschen machen einen Ort aus und sind nicht wiederholbar. Wir empfangen unsere Kundinnen in einem ruhigen Ambiente und helfen ihnen dabei, ihren eigenen Stil zu finden.« Imarika hat nie Werbung gemacht, sondern sich ganz auf die Mailänder Flüsterpost verlassen. Psst, weitersagen ...

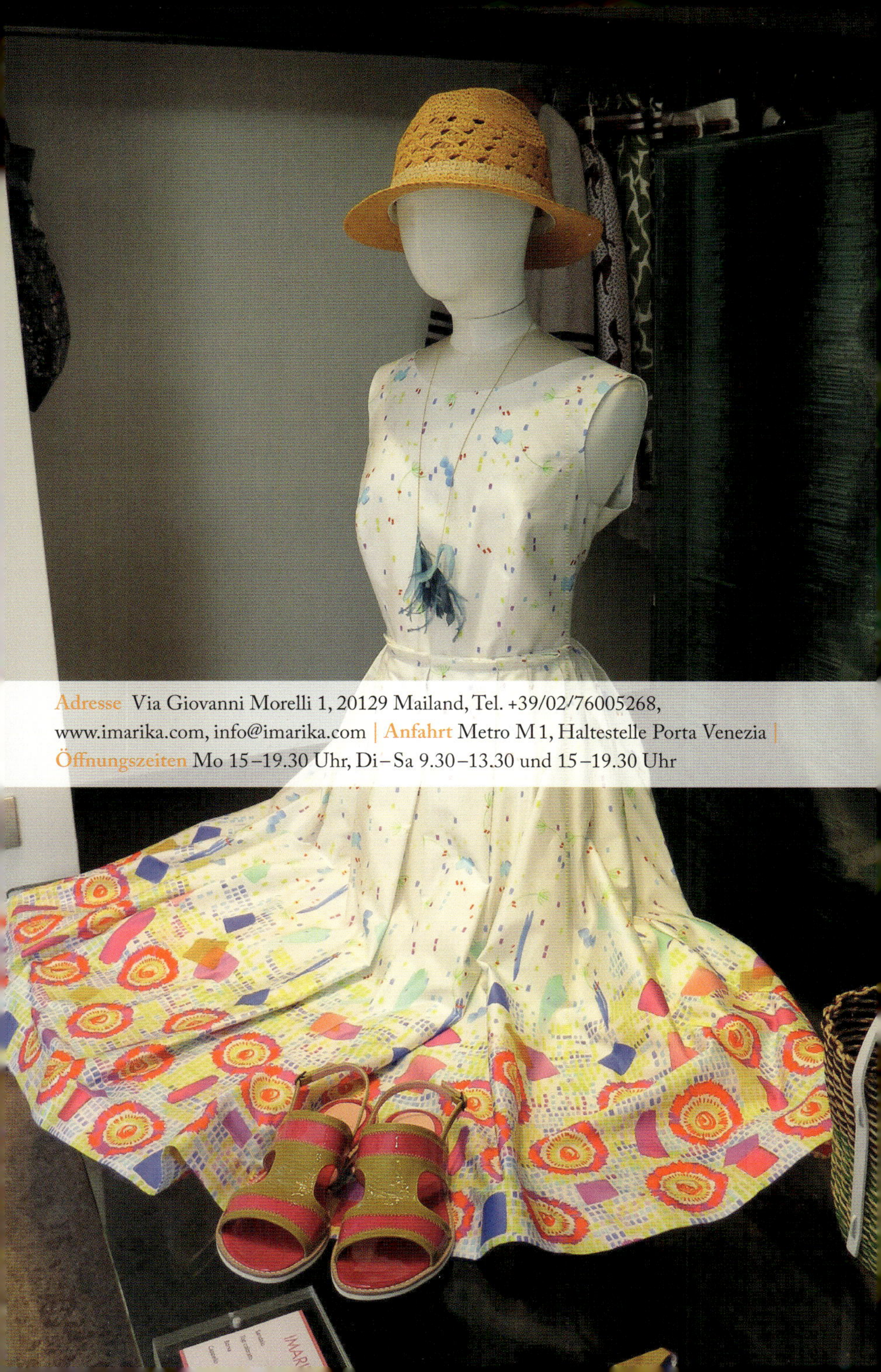

Adresse Via Giovanni Morelli 1, 20129 Mailand, Tel. +39/02/76005268, www.imarika.com, info@imarika.com | **Anfahrt** Metro M 1, Haltestelle Porta Venezia | **Öffnungszeiten** Mo 15–19.30 Uhr, Di–Sa 9.30–13.30 und 15–19.30 Uhr

54_ Individuals
Tanz der Lingerie

Mit siebzehn bat Carlo Galli seine Großmutter, ihm das Nähen beizubringen, denn er wollte sich selbst eine Hose schneidern. Nach einem abgebrochenen Studium der Politikwissenschaften fand er Arbeit als Assistent-Produktmanager beim Seidenhersteller Mantero in Como. »Ich war der Jüngste im fünfköpfigen Team und wurde für alles eingesetzt, das war meine Schule. Wie ein Schwamm habe ich alles aufgesogen, was man dort lernen konnte. Krawatten haben immer eine Standardform. Sie unterscheiden sich nur in Material, Muster und Farben. Das gilt auch für Lingerie.«

2006 kündigte Carlo und ging nach London. Dort verkaufte er mit Erfolg selbst gemachte Bikinis auf den Märkten Portobello und Spitalfields. Zurück in Italien stellte er seine erste Kollektion für Bikinis und Bademode auf der Messe vor. Die Produktion begann, gab ihm aber nur Arbeit für die Sommersaison. In den restlichen Monaten arbeitete und lernte er zwei Jahre bei einem Schreiner und zwei bei einem Sattler, der Lederaccessoires herstellte.

Zusammen mit einer Tänzerin entwickelte Carlo Bodys für klassisches Ballett. Der nächste Schritt war Lingerie, die ebenso körpernah ist. Er verwendet keine Schnittmuster, sondern hat seine eigene Methode. Praktikanten verstehen bei ihm zunächst gar nichts. »Ich arbeite ohne Schnittmuster – das ist nicht anatomisch – und verwende weder Polster noch Bügel.«

Im September 2013 eröffnete Carlo sein erstes eigenes Geschäft: Bademode und Lingerie aus den allerbesten Stoffen aus Como in vielen Farben und Mustern. Da er Stoffreste benutzt, hortet er keine großen Mengen einer Sorte und kann seine Kreationen zu günstigeren Preisen anbieten. Alles wird von ihm entworfen und handgeschnitten. Genäht wird in einer kleinen Schneiderwerkstatt, die nur für Individuals arbeitet. Sie können existierende Modelle umändern oder neue nach Maß anfertigen lassen. Ganz individuell.

Adresse Via Vigevano 11, 20144 Mailand, Tel. +39/02/36639538, www.individuals.it,
viavigevano11@individuals.it | **Anfahrt** Metro M 2, Haltestelle Porta Genova |
Öffnungszeiten Okt.–April Mo 16–20 Uhr, Di–Fr 12–20 Uhr, Sa 10–20 Uhr;
Mai–Sept. Mo 15–20 Uhr, Di und Mi 12–20 Uhr, Do–Sa 12–23 Uhr

55 Jacaranda Liuteria Artigiana

Bässe und Ukulelen

Sein erstes Instrument baute Daniele Fierro mit 14 Jahren bei einem Tischlerfreund. Mit 18 ging er bei einem Gitarrenbauer in die Lehre. Nach verschiedenen Berufserfahrungen öffnete Daniele zusammen mit Davide Fossati 1999 die Werkstatt mit Showroom in einer kleinen, belebten Seitenstraße des Naviglio Grande. Durch das Schaufenster kann man zusehen, wie sie Zupfinstrumente restaurieren und auch E- und Bassgitarren bauen, allerdings nicht aus Jacaranda – dem Namensgeber des Ladens: Das Holz aus Brasilien ist geschützt.

Für ihre Instrumente benutzen sie viele andere verschiedene Hölzer: Fichte und Pappel aus Italien oder Ahorn aus Deutschland. Da es nördlich der Designerstadt Mailand viele Möbelhersteller gibt, haben sie auch Zugang zu einer großen Auswahl an FSC-zertifizierten exotischen Hölzern. Vor dem Zuschnitt werden die Holztafeln in der Werkstatt sorgfältig gelagert.

»Je nach Geschmack, Klang und Ästhetik können wir unsere Ingredienzen mixen«, erzählt Daniele lächelnd. Ihre Kunden, Profis und Amateure aus ganz Italien, dürfen sogar das Holzstück für ihr Instrument aussuchen. Dann heißt es, genau zu verstehen, was der Musiker wünscht, um ihm das maßgeschneiderte Stück »in die Hand bauen« zu können. Manche kommen immer wieder vorbei, um zu verfolgen, wie ihr Instrument Gestalt annimmt, und um die richtige Lackierung auszusuchen. Mindestens zwei Monate Geduld braucht es, ehe man mit dem Schmuckstück abziehen kann.

Zwei vielseitige elektroakustische Modelle sind Danieles Steckenpferde: »Proxima« mit einem Bassschlüssel als Schallloch und »Lotus« mit stilisierter Lotosblume an gleicher Stelle. »Da wir Handwerker sind und ungern etwas wegschmeißen, sind wir vor ein paar Jahren auf die Idee gekommen, aus den hochwertigen Holzresten Ukulelen zu bauen. Die gehen weg wie warme Semmeln.«

Adresse Via Corsico 8, 20144 Mailand, Tel. +39/02/8394686, www.jacaranda.it,
laboratori@jacaranda.it | Anfahrt Metro M 2, Haltestelle Porta Genova |
Öffnungszeiten Di–Fr 15.30–19 Uhr, Sa 9.30–15 Uhr

56__Julia de Lucca Liutaia
Ärztin für Geigen

»Warum klingt meine Geige nicht mehr?« Es ist die häufigste Frage, mit der Musiker sich an Julia de Lucca wenden. Denn Klangprobleme sind eine ihrer Spezialitäten. Die deutsch-italienische Geigenbauerin spielte als Kind selbst Violine und Bratsche und entschloss sich nach dem Abitur, die Geheimnisse der Saiteninstrumente zu erforschen. Es zog sie in die berühmte Geigenbauerstadt Cremona, wo sie das Metier lernte. In Frankreich eignete sie sich in zwei verschiedenen Werkstätten dann zusätzlich die Kunst des Restaurierens an. Mit diesem wertvollen Wissen und Können kehrte sie zurück nach Italien und machte sich 1991 gemeinsam mit ihrem Mann selbstständig.

Seit 2007 arbeitet Julia allein in ihrer kleinen Werkstatt, zwei Schritte vom Arco della Pace entfernt. Anfangs war das nicht ganz einfach, denn ihre Kunden, allesamt Musiker, erwarteten in diesem Beruf doch eher einen Mann. Eine Frau musste sich damals noch als Handwerkerin behaupten. Inzwischen ist Julia eine viel gesuchte und geschätzte Restauratorin. Ein bekannter Konzertist: »So gut wie sie kann niemand anders Bogen bespannen, Stege schnitzen und Stimmstöcke setzen!« Julia verkauft auch Violinen und Bogen, sogar kleine für angehende Musiker.

»Das Schöne an meinem Beruf ist der Kontakt mit den Musikern: vom großen Konzertmeister bis zum kleinen Kind.« Als Restauratorin kann sie nicht in einer einsamen Berghütte sitzen und Instrumente bauen. Mitten in der Stadt muss sie sein und schnell die Probleme der Künstler lösen, oft auch von Orchestern auf der Durchfahrt. So rief einmal an einem Samstag spätabends der Agent von Rostropowitsch bei ihr an. Er brauche sofort einen neuen Steg für sein Cello! Am nächsten Morgen konnte sie ihm das reparierte Instrument überreichen.

»Ein Instrument ist wie ein Kind, das man mir anvertraut. Ich komme mir oft vor wie eine Kinderärztin. Und das ist das Schöne an meinem Beruf.«

Adresse Via Piermarini 3, 20145 Mailand, Tel. +39/02/36630190, www.juliadelucca.it |
Anfahrt Tram 1, Haltestelle Corso Sempione Arco della Pace   **Öffnungszeiten**
Mo−Fr 10−13 und 15−18 Uhr, nur nach telefonischer Vereinbarung

57__Kathay

Die Mailänder Seidenstraße

Am Samstag ist es hier bei Kathay rappelvoll. Aus der ganzen Stadt kommen die Mailänder, um einzukaufen, denn nirgends findet man so geballt alles, was man für die internationale Küche braucht.

Es begann 1985, als Luigi Sun die Importfirma »China Trading«, heute »Union Trade«, übernahm. 1989 eröffnete er den »China Food Store«. Schnell wuchs der Laden, benannte sich in »Kathay« um, importierte aus dem Orient, dann auch aus Südamerika und mittlerweile aus der ganzen Welt.

Mittwochs ab 18 Uhr geht es turbulent zu. Dann kommt frisches Obst und Gemüse direkt aus Thailand. Nach langen Listen werden Kisten für die Restaurants gepackt. Liebhaber der exotischen Küche, Filippinos, Lateinamerikaner, Japaner und Chinesen stürmen das stattlich dimensionierte Geschäft und kaufen ein Stück »Heimat« ein.

Ein Besuch hier ist eine kulinarische Weltreise. Sie beginnt in Japan mit Porzellan und gusseisernen Teekannen und bietet alles von Noodles über Misopasten bis zur glutenfreien Tamari Sojasauce. Dann folgt die Frischeabteilung mit riesigen Bananenblättern, exotischen Obst- und Gemüsesorten, frischem Koriander, Zitronengras und Curryblättern – eine wahre Augenweide. Weiter gehts nach China mit Tofu, Pilzen und mysteriösen Wurzeln. Dazwischen prunkt alles, was gesund ist: Beeren jeder Art, Konjac-Shirataki-Nudeln, Tees aus Thailand, China, Japan. Auch Bücher, Zubehör für Kalligraphie aus China gibt es hier, und alles, was man braucht, um Sushi zu servieren. »Hier soll man nicht nur essen, sondern auch die Kultur der Länder kennenlernen«, erklärt Suns Sohn Jun Jie.

Unschlagbar ist die große Abteilung voller tiefgefrorener Sushi, Nobashi, Tobiko, Udon … Im Zickzack führt der Trip durch Südamerika mit besonderen Bohnen, weißem Maismehl und pikanten Salsas. Indien schließt sich mit vielen Currys an, und ein Abstecher nach Afrika mit Baobabsamen und Soßen aus Senegal ist auch noch drin: In 80 Minuten um die Welt.

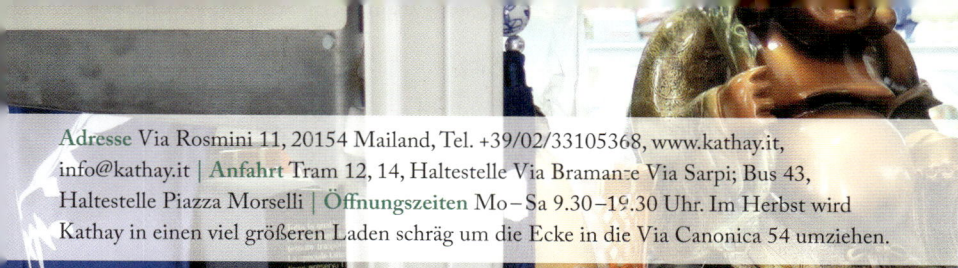

Adresse Via Rosmini 11, 20154 Mailand, Tel. +39/02/33105368, www.kathay.it, info@kathay.it | **Anfahrt** Tram 12, 14, Haltestelle Via Bramante Via Sarpi; Bus 43, Haltestelle Piazza Morselli | **Öffnungszeiten** Mo–Sa 9.30–19.30 Uhr. Im Herbst wird Kathay in einen viel größeren Laden schräg um die Ecke in die Via Canonica 54 umziehen.

58__Kitchen

Das Geschirr der Chefs

Kochen und gutes Essen spielen hierzulande eine zentrale Rolle. Jedoch standen sie noch nie so im Fokus der Öffentlichkeit wie in den letzten Jahren. Den Star-Architekten haben die Star-Chef-köche den Platz streitig gemacht; Restaurants sprießen wie Pilze aus dem Boden. Das Angebot an Kochbüchern, kulinarischen Zeitschriften und Feinschmeckerkursen ist enorm.

Oft ist die Küche unser wichtigster sozialer Raum, zumal dort immer häufiger nicht nur gekocht, sondern auch gespeist und gelebt wird. Daher eröffneten Miriam Koppel und Paola Bresciani vor zwölf Jahren »Kitchen«. Es war ein neues Konzept, denn damals gab es hier noch keinen spezialisierten Laden für Kochutensilien für Nicht-Profis. Mit Grazia Coletta möchten die drei Damen ihre Leidenschaft mit anderen Passionierten teilen.

Ein großer Küchenblock aus Edelstahl am Eingang dient als Ladentheke. Hier dominiert dessen edler Silberschimmer. Es gibt wenig Farben, kein Plastik. Das Trio legt größten Wert auf Qualität und Design und beschränkt sich auf wenige Marken, die man nicht in Supermärkten findet. Das Angebot an qualitativ gutem und schönem »Kochwerkzeug« ist verführerisch: Töpfe aus Gusseisen, Edelstahl, Kupfer mit Antihaft- oder Keramikbeschichtungen, Auflaufformen, alle möglichen Elektrogeräte, Küchenhelfer, Siphonflaschen für Espumas, Vakuumierer und Sous-Vide-Garer, in denen Lebensmittel vakuumverpackt im Wasserbad bei niedrigen Temperaturen garen. Ein kleiner Raum gilt Kochbüchern, und eine Ecke ist für Backutensilien und Ingredienzen für Cake Design reserviert.

Sehr beliebt sind die dreistündigen Kochkurse, die zwei- bis dreimal die Woche im hinteren Raum stattfinden. Im Zentrum: ein großer Granittisch, um den sich die Teilnehmer setzen. Jedes Mal wird ein anderes Thema behandelt. So schnippeln, rühren und kochen Sie unter der Regie eines Chefs und speisen dann in fröhlicher Runde – stolz auf Ihre Kochkünste.

Adresse Via Edmondo De Amicis 45, 20123 Mailand, Tel. +39/02/58102849, www.kitchenweb.it, info@kitchenweb.it | **Anfahrt** Metro M 2, Haltestelle Sant'Ambrogio | **Öffnungszeiten** Mo 15.30–19.30 Uhr, Di–Sa 10–19.30 Uhr

59__Labcorsosangottardo3
Hinterhof-Ästhetik

Im Innenhof. Steigen Sie drei Stufen hinauf zum Künstleratelier. Dort werden Sie freundlich von Hund Seta empfangen. Juannas Baby Nina schläft in seinem Wagen. Künstlersohn Lorenzo aus einer Nachbarwerkstatt schaut vorbei. Die Atmosphäre: familiär. Früher ging es in den Hinterhöfen des Corso San Gottardo überall so zu. Leider haben die meisten Handwerksstätten geschlossen.

Davide war Kunstlehrer und Erzieher in einem Jugendgefängnis. Als er gebeten wurde, Goldschmiedekurse zu organisieren, ging er selbst bei zwei alten Meistern in die Lehre, begeisterte sich für das Handwerk und arbeitete 15 Jahre lang für eine bekannte Goldschmiedin. Juanna ist Grafikerin und war als Artdirector tätig. Unter dem Motto »viva il piccolo« (»Es lebe das Kleine«) stellten die beiden Lebensqualität an die erste Stelle und machten sich vor drei Jahren selbstständig.

In einer Ecke steht der Goldschmiedetisch von Davide, in der anderen eine alte Nähmaschine. Drumherum hängen Kleiderkreationen von Juanna. Auf dem Tisch in der Mitte des Raums sind Davides Schmuck und Arbeiten von anderen Künstlern ausgestellt.

Juanna näht Taschen aus verschiedenen Stoffresten. Sie bemalt T-Shirts, Röcke und Kleider, die sie in einer kleinen Schneiderei nähen lässt, und kreiert »bigiotteria« (»Modeschmuck«), wie ihr Vater liebevoll spöttelt. Das sardische Lied »cannacca macca« (»verrückte Kette«) von Rossella Faa brachte sie auf die Idee, Ketten aus verschiedenen Materialien zu komponieren, die an sardische Traditionen anknüpfen. Sie sind aus Zierborten mit Spitzen, einem kleinen Schafsglöckchen, Porzellankugeln, Kettchen, Lavasteinen und Amuletten gemacht. Davides Kreationen hingegen bestehen aus verschiedenen Materialien – von Gold bis Holz über Kupfer, Silber und Bronze. Viele kleine Tiere wie Fische, Vögel, Geckos beleben seinen Schmuck. Ein drehbares Pferdekarussell ziert einen Silberring. Überhaupt: Hier kommen Sie ästhetisch auf den ganz besonderen Dreh!

Adresse Corso San Gottardo 3 (im Innenhof), 20136 Mailand, Tel. +39/02/36510002, www.labcorsosangottardo3.it, info@corsosangottardo3.it | **Anfahrt** Metro M 2, Haltestelle Porta Genova; Tram 9, Haltestelle Piazza Ventiquattro Maggio | **Öffnungszeiten** Mo–Fr 10–19.30 Uhr, Sa 10–13 Uhr

60 _ Laboratorio Paravicini

Von Schlangen und Oldtimern

Ihr Ziel müssen Sie schon kennen, denn das »Laboratorio« liegt gut versteckt in einem pittoresken Innenhof. Haben Sie es schließlich entdeckt, so stehen Sie plötzlich staunend vor den großen Fenstern, hinter denen kunstvoll dekorierte Teller ausgestellt sind.

Vor über 20 Jahren hatte Grafikerin Costanza Paravicini gemeinsam mit ihrer Schwester begonnen, privates Essgeschirr so zu bemalen, dass es spülmaschinenfest war. Aus dem Hobby wurde Berufung.

Die Keramik wird in einer Werkstatt eigens hergestellt; jedes Jahr kommt eine neue Form hinzu. Es gibt sechs verschiedene Geschirrserien mit Tellern, Kaffee- und Teeservices, diversen Schüsseln, Etageren, Kacheln, Kerzenhalter – einfach alles für einen schön gedeckten Tisch. Auf Bestellung werden Blumen- und Tiermotive, Wappen, Ornamente, Monogramme, Ränder- und Liniendekors angebracht: Auch der wildeste Kundenwunsch liegt keinesfalls außer Reichweite. Sogar altes Familiengeschirr kann nachgemacht werden. Der Kunde äußert seine Vorstellungen, und Costanza bereitet einen Entwurf und ein Probestück vor. Es ist faszinierend, ihr bei der Arbeit in dem kleinen Atelier zuzusehen. Nach dem ersten Schrühbrand werden die Teller bemalt; darauf folgt die Glasur. So sind die Farben beständig, ungiftig und gegen Spülmaschinen gefeit.

Vor drei Jahren entschied Costanza, auch »Kollektionen« mit Sieb- und Digitaldruck herzustellen: Zirkusmotive, Schlangen und andere Tiere, Heißluftballons oder Oldtimer etwa gehören zu den malerischen Sujets. Dazu werden Folien mit den gedruckten Motiven aufgelegt und eingebrannt. Auch hier ist jedes Stück anders und wird von Hand mit weiteren Dekors, einem Gold- oder einem Silberrand, ergänzt.

Seit anderthalb Jahren kümmert sich ihre Tochter Benedetta Medici um den Digitaldruck, Logistik und Organisatorisches. So kann sich Costanza ganz der Kunst widmen. Individuell, bunt, einfach schön: Ihre Suche hat sich gelohnt.

Adresse Via Nerino 8, 20123 Mailand, Tel. +39/02/72021006, Mobil +39/333/7041292 oder +39/333/7933071, www.paravicini.it, laboratorio@paravicini.it | **Anfahrt** Metro M 1, M 3, Haltestelle Duomo | **Öffnungszeiten** Mo – Fr 9.30 – 13.30 Uhr und nachmittags nach Vereinbarung

61___Laura e Sara Morandotti

Glasperlenspiele

Bestaunen Sie die kunstvollen Glasfenster des Mailänder Doms oder der Kartause von Pavia – sie hat die renommierte Restauratorin Laura Morandotti einer eindrucksvollen Verjüngungskur unterzogen. Ihre Arbeiten aus Buntglas kann man weltweit bestaunen. Vor fast 40 Jahren eröffnete die begnadete Glaskünstlerin ihre eigene Werkstatt: Hier kreiert sie noch heute Tiffanylampen, Bleiglasfenster und Vasen.

Ihre Leidenschaft für Glas übertrug sich auch auf ihre Tochter Sara, die von klein auf in Mutters Werkstatt mit Glas spielte. Vor sechs Jahren ging sie »in die Lehre« bei Frau Mama; großen Wert legte die »Meisterin« darauf, ihrer Tochter ein besonderes Gespür für Farbkombinationen zu vermitteln. In Murano, der für ihre Glaskunst bekannten Inselgruppe in der Lagune Venedigs, besuchte Sara zudem einen Intensivkurs für Glas »Lampwork«, ein Prozess der Glasbearbeitung an einem speziellen Brenner, mit dem unter anderem Glasperlen hergestellt werden.

2012 machte sie im Nachbarhaus ihrer Mutter ihren Laden mit Glasschmuck auf. In ihrem kleinen Atelier kann man ihr bei der Arbeit zuschauen: Sie nimmt einen der bunten Glasstäbe und hält ihn über eine offene Flamme. Geschickt dreht sie eine Perle auf einem Perlendorn. Manche werden geblasen und sind dann innen hohl, andere werden geformt. Einige poliert oder schleift Sara auch. Die Stücke können mehrfarbig und verziert sein, mit Blattgold oder Blattsilber veredelt.

Sara verwendet verschiedene Techniken und experimentiert mit unglaublichsten Materialien, kombiniert etwa die Glasperlen mit Metallen, Seide, Silber, Lycra oder Kautschuk und zaubert daraus imposante Ketten, Ohrhänger, Armreife. In ihrem hellen Laden sind die Schmuckstücke ausgestellt. Lampen und farbig-transparente Vasen stammen von Mutter Laura. Zwei Künstlerinnen, zwei Generationen unter einem Dach, aber die ästhetischen Kostbarkeiten bleiben zum Glück nicht lange in der Familie.

Adresse Via della Commenda 31, 20122 Mailand, Tel. +39/02/54108467, www.vetrogioielli.com, lauramorandotti@gmail.com | **Anfahrt** Metro M 3, Haltestelle Crocetta; Tram 16, Haltestelle Via Lamarmora Via Commenda | **Öffnungszeiten** Mo–Fr 9.30–13 und 14–19 Uhr

62__Laura Urbinati

Ich denke an eine Frau

»Badeanzüge verzeihen nicht. Die müssen richtig sitzen, denn man hat sonst nichts an. Nur wenn sie zur Figur passen, sind sie schön.« Laura Urbinati startete ihre Modelaufbahn mit Bademode. Naheliegend, denn sie ist zwischen dem Meer und Rom, zwischen Sport und Kunst aufgewachsen. Ihr Faible galt dem minimalistischen japanischen Design, das sich bis heute in ihrem Design spiegelt. Kurz entschlossen entwarf sie Mitte der 1980er Jahre ihre ersten, ganz simplen, unifarbenen Schwimmanzüge mit für damals ungewöhnlich schrillen Farbborten. Sofort ein Erfolg!

Ihren ersten eigenen Laden eröffnete Laura Urbinati 1989 in Los Angeles. Dann zog sie zurück nach Italien. Seit 16 Jahren führt sie ihr Geschäft in Mailand. Wie auch schon in Rom findet man sie bewusst abseits der Shoppingmeilen.

Urbinatis Reich liegt an einem pittoresken Platz neben der Basilika Sant'Eustorgio. Die vielen Farben zwischen den weiß getünchten Wänden stechen sofort ins Auge. Man soll hier alles finden können. Zur Bademode gesellen sich Lingerie mit bunten Mustern, Mäntel, natürlich auch Accessoires. Was Sie hier antreffen, ist aber kein »total look«. Die Kreationen sind kombinierbar und zeitlos. Das Tüpfelchen auf dem i geben die selbst entworfenen Stoffe, oft geometrische Muster mit aufregenden Farbkombinationen.

Nach und nach erweiterte sich ihre Kollektion zu einer Art Gesamtgarderobe: »Ich denke dabei an eine Frau, die Spaß an Mode und schönen Kleidern hat, aber nicht die Zeit, sich dem zu widmen. Sie muss schnell etwas finden, was zu ihren Kleidern passt.« Gern auch originell: »Wie die Kunst soll Mode provozieren und unerwartete Zusammenstellungen wagen. Das macht Laune.« Hier kauft ein fester Kundenstamm auch prominenter Damen. Sie lieben die schlichten Stücke, die meist etwas Lycra haben und elastisch sind.

Kurz: Diesen Laden verlassen Sie noch sehenswerter, als Sie es ohnehin schon sind.

Adresse Piazza Sant'Eustorgio 6, 20122 Mailand, Tel. +39/02/8360411, www.lauraurbinati.com, lauraurbinati@libero.it | **Anfahrt** Bus 94, Haltestelle De Amicis; Tram 3, Haltestelle Piazza Sant'Eustorgio | **Öffnungszeiten** Mo 15.30–19.30 Uhr, Di–Sa 9.30–19.30 Uhr, So 10–13.30 und 14.30–19 Uhr

63 Lelefante con le ghette

Drei Freundinnen

Drei Frauen, drei Mütter, drei verschiedene Hintergründe. Erika Bixio war im Marketing- und Kommunikationsbereich tätig, Federica Visconti arbeitete für einen Verlag, und Serena Calabrese war Stylistin. Die drei Freundinnen entschieden 2012, sich selbstständig zu machen und ihre Fähigkeiten zusammenzulegen: Sie machten einen Laden für Baby- und Kinderkleidung und -bücher auf. Serena besorgt die Kleidungsstücke und gestaltet die Schaufenster. Federica organisiert die Bücher. Erika ist die Rationalste der drei; sie koordiniert und hält alles zusammen. Außerdem ist sie Sammlerin, liebt Vintagemöbel und bringt immer wieder neue Sachen, mit denen der Laden eingerichtet wird.

»Lelefante con le ghette« – nach einem alten Kinderlied benannt – ist nicht nur ein Laden, sondern auch Treffpunkt für die Mütter der Gegend. Die warmen Farben der Wände, die alten Möbel und die auf bunten Kleiderbügeln an Bambusstangen hängenden Kleidungsstücke schaffen eine fröhliche und gemütliche Atmosphäre. Serena, Erika und Federica veranstalten hier auch Lesungen, Spielecken, Workshops und für die Eltern Treffen mit Pädagogen.

Es gibt Kleidung für Babys und Kinder von null bis zehn Jahren. Großer Wert wird auch auf die Qualität der Materialien gelegt, die Kleidungsstücke einzeln ausgesucht. Es sind praktische, poetische und leicht nostalgische Sachen. Viele kommen aus Nordeuropa, aber auch aus Italien. Außerdem gibt es Sonderanfertigungen und Handgemachtes oder die Kaschmirkollektion von Maia Petrella für die Kleinsten von null bis zwei Jahren: Häubchen im Retrolook, kuschelige Jäckchen, Kleidchen, Höschen und ganz weiche, erste Schühchen. Auch hier kann man Form- und Farbwünsche äußern. Außerdem gibt es für die Kleinen auch handgemachte Filzschuhe und Stoffpuppen. Für die etwas größeren Mädchen Haarspangen und -reifen. Man ist ja schließlich kein Baby mehr.

Adresse Via Crema 14, 20135 Mailand, Tel. +39/02/58319315,
www.facebook.com/Lelefanteconleghette, info@lelefanteconleghette.it |
Anfahrt Metro M3; Tram 9, Haltestelle Porta Romana | **Öffnungszeiten** Mo 15–19 Uhr,
Di–Sa 10–13 und 14.30–19 Uhr

64__Lisa Corti

Eintauchen in Farben

Lisa Cortis »Home Textile Emporium« liegt zwei Schritte entfernt von der Porta Venezia, dem Tor zur bunten Welt afrikanischer und indischer Restaurants. Es ist eine Lisa Corti vertraute Welt, denn nicht nur ist sie in Eritrea geboren und aufgewachsen, sondern hat nach ihrer ersten Reise, die sie gemeinsam mit ihrer Tochter Ida unternahm, auch Indien zu ihrer zweiten Heimat erkoren. Ihre »kleine Factory«, wie sie ihren Showroom mit angrenzender Werkstatt nennt, befindet sich in einem ehemaligen Kloster aus dem 17. Jahrhundert. In den großen, lichtdurchfluteten Räumen mit offenen, geräumigen Wäscheschränken leuchten die Farben ihrer bunten Stoffe. Die Holzdielen sind bemalt, abwechselnd grau und weiß, dazwischen mit bunten Kachelmotiven. Eine betörende Farbsinfonie! Die intensive Pracht erinnert an afrikanische Märkte, an indische Stoffe, an Gewürze und exotische Düfte.

In den 1980er Jahren hatte Lisa Corti begonnen, grafische Patterns für Stoffe zu zeichnen. In ihnen mischten sich afrikanische und indische Einflüsse mit europäischem Geschmack. Schließlich kamen die floralen Motive zu den geometrischen hinzu. Dieses Spannungsfeld bildet eine Konstante: Zeitgenössisches gepaart mit Tradition, italienische Kreativität mit indischem Handwerk. Die Stoffe kommen nicht nur aus Indien, sie werden dort auch an verschiedenen Orten handgefertigt und nach uralter Technik mit »Blockprints« handbedruckt. Mehrmals im Jahr fährt Lisa Corti für längere Zeit nach Indien, um dort die Arbeit zu verfolgen.

Neben Steppdecken, gemusterten Tüchern und den Kurta – kragenlosen Hemden – finden Sie hier Kleidungskollektionen für Frauen und Kinder; darüber hinaus kommt bald eine Schuhkollektion in Zusammenarbeit mit der Designerin Tania Ercoli hinzu.

Obwohl Lisa Corti über die Grenzen hinaus berühmt ist, bleibt sie die Seele des Geschäfts, hat ein waches Auge auf alle Prozesse und bewahrt sich so ihre Identität aus Farbe und Licht.

Adresse Via Lecco 2, 20124 Mailand, Tel. +39/02/29405589, www.lisacorti.com, lisacorti@lisacorti.com | **Anfahrt** Metro M 1, Haltestelle Porta Venezia | **Öffnungszeiten** Mo 15–19, Di–Sa 10–19 Uhr

65 Madame Pauline Vintage

Vorgeliebt

Mit Alessio Stefani verband die Geschwister Cecilia und Alessandro Di Lorenzo die Leidenschaft für Vintagekleider. Vor fünf Jahren öffneten sie ihre Boutique in Lambrate. 2013 dann Madame Pauline Vintage: »Eine Hommage an Pauline Bonaparte, eine bildschöne, faszinierende, elegante Frau, die Lieblingsschwester Napoleons – und da unser Laden im Foro Bonaparte liegt ...«, erzählt Cecilia.

Mit sicherem Blick wählen die drei ihre edlen Stücke für nostalgische Modeliebhaberinnen aus – Mode vom Beginn des 20. Jahrhunderts bis in die 1980er Jahre. Teile aus jüngster Zeit führen sie nur, wenn sie von berühmten Modeschöpfern stammen. Die meisten Kleider und Accessoires sind italienischer Herkunft, doch fehlen Seidentücher von Hermès, Taschen und Kleider von Chanel oder Ossie Clark keineswegs. »Vieles finden wir in den Schränken der Großmütter von Privatpersonen.«

In dem kleinen Laden stechen sofort die schönen Farbkombinationen ins Auge. »Wir lieben Farbe! Vintage bedeutet für uns Farbe. Wer will heute schon Schwarz tragen?« In den Vitrinen glitzert eine Halskette aus Glas von Coppola e Toppo, daneben Armbänder und Ringe. Sie finden hier auch originelle Taschen, Schuhe und Gürtel oder romantische Nachthemden aus Musselin. »Die Modeschöpfer suchen ihre Inspiration in der Vergangenheit. Dieses Jahr sind es die Blumenmuster der 1970er Jahre, letztes Jahr waren es die 1960er und vor zwei Jahren die 1940er. Unsere Kundinnen suchen in den Vintagekleidern, was jeweils angesagt ist.«

Ist es die Sehnsucht nach der guten alten Zeit oder ein Beitrag zur Nachhaltigkeit? Bestimmt kreiert man mit den Preloved-Fashionteilen, die oft Unikate sind, seinen persönlichen Stil. Auch Filmstars und berühmte Sänger tragen Vintage Haute Couture. Immer öfter wählen Bräute für ihre Hochzeit Kleider, die wie ein guter Wein gereift sind. Selbst eine Dame aus Dubai kaufte jüngst drei Cocktailkleider für ihren großen Tag!

Adresse Foro Buonaparte 74, 20121 Mailand, Tel. +39/02/49431201,
www.madamepaulinevintage.it, madamepaulinevintage@gmail.com | **Anfahrt** Metro M 1,
Haltestelle Cairoli | **Öffnungszeiten** Di−Sa 10−14 und 15−19 Uhr

66__Mariotti

Briefmarke bis Nachtfalter

Kurz nach Einführung der ersten Briefmarke der Welt, dem »One Penny Black« aus Großbritannien von 1840, begann der Hype. Bereits 1860 wurden die ersten Briefmarkenalben und wenig später erste Fachzeitschriften veröffentlicht. Das Tauschgeschäft brummte. Zunächst betätigten sich noch Universalsammler. Heute gibt es so viele Briefmarken aus der Welt, dass man sich auf bestimmte Gebiete spezialisiert: nach Staaten, Epochen oder Motiven. Die Zeit, in der *frau* noch mit »Darf ich dir meine Briefmarkensammlung zeigen?« angegraben wurde, ist zwar definitiv vorbei, aber es gibt – trotz abnehmenden Nachwuchses – noch viele Sammler. Herr Mariotti ist einer von ihnen.

Der Philatelist erzählt, wie er zu seinem Laden kam. Ende der 1950er Jahre gab es kleine Fruchtgeleeriegel mit einer Briefmarke. So fing der kleine Gian Igino an, sich für fremde Länder zu interessieren, und wurde schnell zum Sammler. Schon 15-jährig begann er, Briefmarken zu verkaufen. Jeden Sonntag ging er zum Philateliemarkt in die Via Armorari. Dort lernte er den Konditor Carlo Pelizzoni kennen. 1992 eröffneten sie den Laden für Briefmarken – alle mit Zertifikat – und Numismatik. 2007 ist Pelizzonis Sohn Matteo ins Geschäft eingestiegen und hat den E-Commerce eingeführt.

Ihr Sortiment birgt wahre Schätze an Münzen, Medaillen und Marken. Zu ihren Kunden zählen neben Philatelisten Sparer und Anleger. Doch auch andere Sammler kommen hier auf ihre Kosten, seitdem Mariottis Tochter Daniela, die Antiquarin ist, 2011 mit Vintagespielzeug, alten technischen Apparaten wie etwa Schreibmaschinen und Fotoapparaten sowie Keramikfiguren hinzugestoßen ist. Ferner wartet eine große Sammlung von Zinnsoldaten, alten Spielzeugautos und Puppen auf Begeisterte. Zu guter Letzt lockt eine entomologische Sammlung mit präparierten und eingerahmten Schmetterlingen, Spinnen und Käfern Enthusiasten an, beinahe – Verzeihung! – wie die Motten das Licht.

Adresse Via Lazzaro Palazzi 5, 20124 Mailand, Tel. +39/02/29510690, www.mariottifilatelia.com, info@mariottifilatelia.com | **Anfahrt** Metro M 1, Tram 5, Haltestelle Porta Venezia; Tram 33, Haltestelle Viale Tunisia | **Öffnungszeiten** Di–Sa 10–18.30 Uhr

Phasma gigas
Sumatra
INDONESIA

67 Materia Vera

Auch Heiraten kann gesund sein

Es war in England, wo sich die studierte Architektin Elisabetta Tonali auf Landschaftsarchitektur spezialisierte. Ihr erstes Atelier in Mailand lag neben dem »Centro Bio Edile«, das ökologisches Baumaterial verkaufte. Als sich die Inhaber vor zehn Jahren zurückzogen, übernahm Elisabetta das Unternehmen. Sie taufte es in »Materia Vera« um und machte daraus ein Architekturbüro, das nicht nur Produkte, sondern vor allem Know-how für ökologisches Wohnen bietet.

Ein Team von fünf Frauen und einem Mann beraten und organisieren Handwerker, die mit schadstofffreien Materialien umgehen können. Sie bieten Kurse auf jedem Niveau an: technische für Architekten sowie Workshops für Laien. Hier lernen Sie etwa, Lehm oder natürliches Waschpulver selbst zu machen. Hauptanliegen ist es, für gesundes Wohnen zu sensibilisieren: »Wir wollen nicht nur die Umwelt respektieren, sondern auch gesunde Häuser bauen, in denen Kinder, die alles wie ein Schwamm aufsaugen, ohne Giftstoffe und Strahlungen aufwachsen können.«

Zu kaufen gibt es hier alles, was man braucht, um ökologisch zu bauen, zu renovieren oder instand zu halten: natürliche Isolierungsmittel, Kacheln, »Tadelakt« – ein marokkanischer wasserdichter Kalkputz –, Holz, Holzpflegemittel, Farben, Öle, Wachse, Wasch- oder Putzmittel. Hinzu kommen Designobjekte; außer Stühlen können Sie sich hier auch alle Möbel bauen lassen. Die meisten Produkte kommen aus Italien, einige Farben und Isolierungen aus Deutschland, Keramikfliesen aus Japan. Ein Highlight: Für gesundheitsbewusste Hochzeitspaare gibt es die Möglichkeit, ihre »Lista Nozze«, eine Hochzeitsliste, hier zu hinterlegen.

Alle nötigen Materialien für ein veganes Haus können Sie sich hier zusammenstellen und liefern lassen, auch alles für ein Kinderzimmer mit gesunder Atmosphäre – vom Bettzeug über Lampen bis hin zu Möbeln und allerlei Spielzeug.

Öko ist nicht mehr öde, und vegan macht an. Na klar!

Adresse Corso San Gottardo 8 (im Innenhof), 20136 Mailand, Tel. +39/02/8373179, www.materiavera.it, info@materiavera.it | **Anfahrt** Metro M 2, Haltestelle Porta Genova; Tram 9, Haltestelle Piazza Ventiquattro Maggio | **Öffnungszeiten** Mo–Fr 9.30–13 und 14–19 Uhr

68 Maura Coscia

So lässt sich das Leben tragen

Als junges Mädchen ließ sich Maura Coscia erstmals ein von ihr selbst entworfenes Kleid nähen, denn schon damals liebte sie Stoffe und Farben. Doch sollte es noch lange dauern, bis sie in die Modebranche einstieg. Nach ihrem Abschluss an der Kunstakademie Brera arbeitete sie als »künstlerische Seele« in einem Ingenieurstudio. Zufällig fand sie auf einer Messe ein großes Stück ausrangierten Filzes. Sie nahm es mit und zauberte daraus Broschen, die wiederum unvermutet in einer Modezeitschrift veröffentlicht wurden.

Den nächsten Schritt tat Coscia vor rund 10 Jahren – mit einer Henkeltasche – aus verschiedenen Stoffen. Von einer Schneiderin ließ sie weitere nähen und verkaufte sie übers Internet. 2007 schließlich präsentierte sie auf einer Messe in Paris ihre erste Taschenkollektion. Es begann ein neuer Lebensabschnitt: 2010 eröffnete Maura Coscia ihren eigenen Laden. Im angrenzenden Atelier entwirft sie ihre ungewöhnlichen Taschen. Genäht werden sie von Hand. Nach wie vor verwendet sie vor allem kostbare Stoffe wie Samt, Filz, Brokate, Möbelstoffe, Tartans und Leinen, aber auch Leder. Sie ist immer auf der Suche nach spannenden Materialien und hat mit der Zeit ein beachtliches Sortiment angesammelt.

Ihre Taschen sind bis ins letzte Detail durchdacht: »Farben zu komponieren, macht mir Spaß. Für mich sind sie das, was für einen Maler die Palette ist.« Coscias Hand-, Trage- und Reisetaschen aus Stoff fallen in der Form klassisch aus, mit lebhaften Farbkombinationen, die Lieblingsmotive: Streifen und Paisleys.

Ledertaschen gibt es ebenfalls in vielen Nuancen. Oft sind sie mit Stoffen kombiniert und gefüttert oder auch »inside out«, also außen in Stoff gehüllt, mit einem Innenleben aus Leder. Viele haben praktische Innentäschchen, die man herausnehmen kann. Sie können sich Taschen auch »maßschneidern« lassen, sogar eigene Erinnerungsstücke oder Broschen mitbringen und sie in eine neue Tasche einarbeiten lassen. So lässt sich das Leben tragen.

Adresse Via Edmondo de Amicis 28, 20123 Mailand, Tel. +39/328/2140059, www.mauracoscia.it, info@mauracoscia.it | **Anfahrt** Metro M 2, Sant'Ambrogio | **Öffnungszeiten** Mo 15.30–19 Uhr, Di–Sa 10–13 und 15.30–19 Uhr

69__Memèm

Jedem das Seine

Schon immer hatte Emanuela Giusti ein Faible für Mode. Doch in Mailand fand sie nicht, was ihrem Gusto entsprach: Nur ein Riesenangebot an Luxusläden oder an Ketten mit Billigware hatte die Stadt zu bieten – dazwischen nichts. Während sie als Regieassistentin und Fotografin fürs Fernsehen tätig war, durchfuhr es sie auf einem ihrer Pariser Aufenthalte: »Genau solche Läden fehlen in Mailand!« Sie verließ das Fernsehen, eröffnete 2012 den kleinen Laden und richtete ihn mit wenigen, ihr lieben Gegenständen ein, die sie auf Flohmärkten gefunden hatte. »Dies ist ihre Welt«, sagte eine Kundin, die wie die meisten mittlerweile zur Freundin geworden ist. Ein Tischchen und drei Höckerchen laden zum Plausch ein. In der schönen Jahreszeit trifft man sich zu einem »Aperitivo« auf dem Bürgersteig dieser immer schickeren Gegend.

Emanuela hat ihre eigene Vorstellung von Stil. Daher auch der Name des Ladens. »Memèm« kommt vom französischen »moi même« – ich selbst. Ihr Stil ist »bobo«. »Bobo« steht für Bourgeois Bohémiens und ist in Italien längst nicht so verbreitet wie in Berlin oder Hamburg. Was sie verkauft, würde sie fast alles selbst tragen. Ihre Kleider erinnern an romantischen Urlaub auf Ibiza, aber auch an das Pariser radikal-schicke Ambiente des Marais. Viel Weiß, etwas Folk, keine schrille Mode, dezent und individualistisch. Eine Mischung aus bürgerlich und unkonventionell, weg vom Mainstream. 90 Prozent der Kleidungsstücke sind französische Brands. Der Rest kommt aus Spanien und Italien. Emanuela lässt auch eigene Kreationen stricken und nähen und kreiert so ihren ganz eigenen Look. Gute Accessoires sind dabei das A und O. Eine kleine Auswahl an Schuhen, Taschen und Schmuck runden das Angebot ab.

Und wer sich mal nicht entscheiden kann? Gern berät Emanuela jeden, der das wünscht, drängt sich aber niemandem auf, denn jeder soll frei kombinieren können.

Adresse Via Savona 1, 20144 Mailand, Tel. +39/02/36753846, emanuelagiusti@hotmail.com | **Anfahrt** Metro M 2, Haltestelle Porta Genova | **Öffnungszeiten** Di–Sa 10.30–13.30 Uhr und 15.30–19.30 Uhr

70__Miracolo a Milano

Wie im Märchen

Mit einem winzigen Köfferchen reiste 1992 Antonella Vetrano aus San Donaci nach Mailand. Sie hatte eine Stelle als Lehrerin bekommen. Ihr Mann und ihre beiden kleinen Kinder blieben zunächst noch in Apulien. Als Roberto Miccoli eine Stelle als Buchhalter in einer Firma fand, die elektrische Anlagen reparierte, kam er nach. Da der Betrieb klein und er sehr geschickt war, half er oft im Außendienst aus, eines Tages in einer Käserei. Daraufhin abonnierte Roberto eine Zeitschrift über Milch. »Nur so«, behauptet er.

Doch es hatte ihn längst gepackt. Er kündigte und besuchte die Käsereischule in Lodi. Nach drei Jahren schloss er die Schule mit Auszeichnung ab und fand Arbeit bei Brescia, was bedeutete, jeden Morgen um drei Uhr aufzustehen. In der Nacht wälzte er weiterhin Bücher über Käse. Als er 2009 erneut kündigte, um seinen eigenen Laden zu öffnen, war Antonella fassungslos. Der Plan drohte zu scheitern, da die Banken die erwarteten Darlehen nicht bewilligten. Nur noch ein »Miracolo« konnte sie retten. Und – tatsächlich, das Wunder geschah: Freunde liehen ihm das nötige Geld.

Schnell sprach sich herum, wie gut sein Mozzarella war. Die Büffel- und Kuhmilch kommt jeden Morgen frisch von einem Milchviehbetrieb im Süden Mailands. Egal ob Crescenza, Robiola, Mascarpone, Ricotta, Burrata oder Stracciatella – seine Käse sind keine Zufallsprodukte. Durch eine Scheibe kann man ihm zusehen, wie er sie täglich frisch zubereitet. Die gereiften Sorten kommen von Herstellern aus Apulien, die er persönlich kennt.

Bald wurde *Slowfood* auf ihn aufmerksam und lud ihn nach Bra ein, seinen Mozzarella vorzuführen. Als »Eataly« im März 2014 in Mailand öffnete, warben sie mit Engelszungen um Roberto. Jetzt gibt es seinen Mozzarella auch dort. Man sollte ihn immer frisch essen, erzählt Antonella, die inzwischen ganz im Geschäft mitarbeitet, denn: »Mozzarella hat 24 Tugenden, doch jede Stunde verliert er eine.«

Adresse Via Stendhal 47, 20144 Mailand, Tel. +39/02/42293325,
miccoli.roberto@fastwebnet.it | Anfahrt Bus 50, Haltestelle Via Foppa/Via Stendhal |
Öffnungszeiten Mo−Sa 9.30−13 und 16−20 Uhr

71___Mirna Cicli

Segelboote des Festlands

Fahrräder bauen und reparieren: Das macht Leonetto nachmittags. Morgens ist er im Bereich der microRNA tätig – ein in der Krebsforschung brandaktuelles Thema der Zellbiologie. Die sogenannten miRNAs sind an der zellulären Proteinsynthese beteiligt und verwandeln die DNA.

Leonettos feste Überzeugung: Das Fahrrad ist ebenfalls ein Protein, das unsere heutige Lebensweise positiv zu verändern vermag. Er nennt sich einen Revolutionär, denn er hat eine andere Welt vor Augen, eine weniger verschmutzte, eine der Freiheit. Seine Räder heißen Mirna oder RNA – steht auch für »rottami non autorizzati«, also »nicht zugelassene Wrackteile«, erklärt er verschmitzt.

Leonetto repariert jedes Rad, ob uralt oder das gerade angesagteste Modell. Nicht mehr produzierte Teile treibt er sogar im Ausland auf und restauriert in seiner winzigen, proppenvollen Werkstatt Großvaters Drahtesel aufs Schönste. Vor allem aber baut er neue, »maßgeschneiderte« Räder, seine Mirna Cicli. Die Teile aus besten Materialien sowie besondere Rahmen besorgt er bei Handwerkern aus der Umgebung; Sonderwünsche inklusive. Ein Rad muss passen, stabil und zuverlässig sein. »Es sind Gebrauchsgegenstände, die dank unserer Ideen lebendig werden. Es liegt an uns, ihnen ein würdiges Dasein zu bescheren«, sagt der Weltverbesserer.

In der Via Conte Rosso im alten Stadtteil Lambrate ist Leonetto in seinem Blaumann samt Baskenmütze allbekannt und sein Laden ein Treffpunkt für Andersdenkende. Bei gutem Wetter steht man draußen, denn drinnen wird es bald zu eng. Jeder, der vorbeikommt, grüßt schon von Weitem. Das Schaufenster bildet ein einziges Schwarzes Brett mit Zeitungsausschnitten, Kinderbildern und Informationen jeglicher Art.

Sinnend richtet Leonetto den Blick in die Ferne und nennt seine Räder »Segelboote des Festlands«. Immer schön nur in die Pedale treten – und schon wirkt auf die Muskulatur die ganz spezielle Eiweißkur.

Adresse Via Conte Rosso 18, 20134 Mailand | **Anfahrt** Bus 54 Haltestelle Via Conte Flaminio Via Saccardo; Metro M 2, Haltestelle Lambrate | **Öffnungszeiten** Mo – Fr 15 – 19 Uhr, Sa 8 – 12 Uhr

72 __Monica Castiglioni

Aus arm mach reich

Fast wirkt der kleine Laden mit den anmutig präsentierten Ringen, Broschen, Anhängern und Ketten wie ein Museum, während in der hellen Werkstatt dahinter große Arbeitstische mit Bürsten, Zahnarztbohrern, Wachsmodellen und Gussformen stehen, Schubladen weitere Schätze bergen und die Regale von Büchern und Dingen aus aller Welt überquellen.

Monica Castiglioni, Tochter des Designers Achille Castiglioni, macht seit ihrem 18. Lebensjahr Schmuck. Begonnen hat sie bei dem Bildhauer Davide de Paoli, der mit sogenannten »armen Materialien« arbeitete. »Ich liebe weder Gold noch Diamanten, verwende kein Elfenbein, keine Korallen, kein Ebenholz. Meine Arbeiten sollen ethisch sein«, sagt Monica. »Nie wollte ich jemanden über, aber auch nie jemanden unter mir haben«, darum ist ihr Laden zugleich ihre Werkstatt. Seit 17 Jahren lebt sie teils in New York und teils in Mailand, hat eine Mitarbeiterin drüben und eine hier. Die Kreationen bleiben jeweils an ihrem Ort.

Ihr Schmuck ist aus einer sehr roten Bronze mit viel Kupfer, einem leuchtenden, formbaren Material, das sich gut anfühlt. Hinzu kommt eine seit Jahrtausenden bekannte Methode: das Wachsausschmelzverfahren, mit dem schon bedeutende Bronzegusswerke im Mittelalter entstanden sind. Etwas ganz Besonderes sind ihre Doppelringe für zwei Finger, zu denen man weitere Ringe tragen kann, so viele man will. Die Ringe sind oben offen, vielseitig und anpassbar. »Auch Männern gefällt mein Schmuck, denn sie sehen das Handwerk. Ich hasse den Ausdruck ›Skulpturen zum Tragen‹, der ist abgenutzt und missbraucht, obwohl meine Arbeiten Skulpturen sind.« Ihre Lieblinge sind die »Pistilli« – Blütenstempel. Nun macht sie zudem große Skulpturen, »Pistilli«, aus Bronze.

Monica fotografiert auch. »A Glimpse in the Puddle« ist ein Fotobuch mit New Yorker Pfützen: Wasser als ein natürlicher Spiegel – und als ein wunderbar armes, reiches Material.

Adresse Via Pastrengo 4, 20159 Mailand, Tel. +39/02/87237979, www.monicacastiglioni.com, monica@monicacastiglioni.com | **Anfahrt** Metro M 2, Haltestelle Porta Garibaldi | **Öffnungszeiten** Do – Sa 11 – 20 Uhr

73__Moroni Gomma

Ob Gummi oder nicht

Alle Mailänder kennen es. Die Geschichte von Moroni Gomma begann damit, dass der Großonkel des jetzigen Inhabers 1919 ein Lager der Firma Pirelli in der damals noch gar nicht so poshen Via Monte Napoleone übernahm und einen Laden daraus machte. Hier bekam man alles, was aus Gummi war. Nicht nur Rohre, Reifen und Bälle, auch Radiergummis, Wärmflaschen, Gummistiefel, Regenmäntel und Galoschen. Als der Laden 1943 bombardiert wurde, roch die ganze Stadt eine Woche lang nach verbranntem Gummi.

Nach dem Krieg eröffnete das Geschäft am heutigen Standort in der Via Giacomo Matteotti. Technisches Zubehör findet man heute in der Via Varesina 80. Als Fabio Moroni Ende der 1980er Jahre übernahm, entwickelte es sich nach und nach zu einem modernen Concept Store. Zum Gummi gesellten sich Plastik, Glas, Stahl und Designartikel. Der Mythos blieb, und viele Anekdoten kamen hinzu. Schmunzelnd erzählt Fabio Moroni von einem Pärchen, das vor lauter Stöbern im Geschäft den Ladenschluss verpasste und sich nächtens eingesperrt sah – damals noch ohne Handys. Lange winkten die beiden verzweifelt im Schaufenster herum, bis man sie endlich befreite.

Wenn man Mailänder nach besonderen Geschäften fragt, nennen sie diesen Laden als einen der ersten. Denn jeden, der ein Geschenk sucht, zieht es magnetisch hierher. Gadgets und schöne Designobjekte für das ganze Haus, Büro und Schule fallen meist originell und witzig aus. »Früher war es leicht, etwas Originelles zu finden«, erzählt Fabio Moroni. »Wir fuhren auf Messen in Europa und in Amerika und kamen immer mit einem Haufen Neuigkeiten zurück.« Heute brauche man noch mehr Neugier, Leidenschaft, Spürsinn und Intuition. Offenbar kein Problem! Denn noch immer bleibt es schwer, hier rauszugehen, ohne gefunden zu haben, was man vielleicht gar nicht suchte. Ob Gummi oder nicht.

Adresse 1 Corso Giacomo Matteotti 14, 20121 Mailand, Tel. +39/02/796220, www.moronigomma.it, info@moronigomma.it | **Anfahrt** Metro M 1, Haltestelle San Babila | **Öffnungszeiten** Mo 15–19 Uhr, Di–Sa 10–19 Uhr, Sept.–Juni So 10.30–19 Uhr | **Adresse 2** Via Varesina 80, 20154 Mailand, Tel. +39/02/33106565, www.articolitecnicigomma.it, info@moronigomma.it | **Anfahrt** Tram 19, Haltestelle Viale Espinasse/Via Nuvolone; Bus 57, Haltestelle Via Varesina/Via Mola | **Öffnungszeiten** Mo 14.30–18.30 Uhr, Di–Fr 9–12.30 und 14.30–18.30 Uhr, Sa 9–12.30 Uhr

74_Natura Arte Gioco

Gesunde Spiele

Natura Arte Gioco im Quartiere Isola, einem bis vor Kurzem noch vom restlichen Mailand isolierten Stadtteil, ist seit zwei Generationen ein besonderer Bezugspunkt für Groß und Klein. Hier findet man Spiele, die man hierzulande leider nur selten findet: zeitloses, Phantasie anregendes, kindgerechtes Spielzeug aus Holz, Stoff und anderen natürlichen Materialien.

Es war ein Buch des Anthroposophen Rudolf Steiner, das Daniele Daelli wegen dessen pädagogischen Ansätzen und Ideen zur Entwicklung des Kindes begeisterte. Er begann mit einer entsprechenden Ausbildung, um an einer Waldorfschule unterrichten zu können.

Vor 32 Jahren schließlich eröffnete er seinen Laden. Damals war er noch winzig. Zunächst besorgte Daelli nur alles Material, das man benötigt, um Kindern Kunst und Handwerk näherzubringen. Er organisierte Bastel-, Mal-, und Webkurse. Mit der Zeit vergrößerte sich das Geschäft. Zu Knetbienenwachs, Farben, Wolle und Stoffen gesellten sich pentatonische Musikinstrumente. Heute quellen die Regale bis zur Decke von weichen Stoffpuppen, Kasperlefiguren und Murmelbahnen über. Eine große Arche aus Holz wartet auf Tiere, Schaukel- und Steckenpferde auf Reiter, Küchenherde auf kleine Köche, die vielleicht erst noch zum Marktstand oder in den Kaufladen müssen. Von der Decke hängen Schaukeln und Mobiles; zahlreiches Weitere zaubert Daniele aus verborgenen Ecken. Vieles kommt aus Deutschland, wo Holzspielzeug eine gewisse Tradition hat.

Für manche ist dies auch ein Ort, an dem man sich Rat holt. Eine Auswahl an Kinderbüchern, pädagogischen Ratgebern für die Eltern und Büchern von Rudolf Steiner runden das Angebot ab. Und wer hier »fertige Spiele« sucht? Die gibt es durchaus auch. Danieles Anliegen jedoch ist es, ein pädagogisches Konzept zu vermitteln: »Die Vorstellungskraft der Kinder soll gefördert werden, denn das ist die Basis eines gesunden Denkens.«

Adresse Via Luigi Porro Lambertenghi Luigi 34, 20159 Mailand, Tel. +39/02/6688542, www.arte-e-gioco.it, daelli@arte-e-gioco.it | **Anfahrt** Metro M 2, Haltestelle Porta Garibaldi | **Öffnungszeiten** Mo 15.30–19.30 Uhr, Di–Sa 9.30–13 Uhr und 15.30–19.30 Uhr

75_New Old Camera
Alt oder neu?

Von der geschäftigen Fußgängerstraße Via Dante aus, die den Dom mit dem Castello Sforzesco verbindet, sieht man den Laden nicht. Verborgen liegt er im Innenhof eines alten Palazzos, den man auch von der Via Rovello erreichen kann. Auf der einen Seite des Hofes empfängt Sie Ryuichi Watanabe im Reich der Leica. Er verkauft neue und alte Kameras und erzählt, wie es dazu kam. 1982 reiste er von Japan nach Italien. Er war Tenor und wollte ins Land der Opern. Vor allem wollte er auf Verdis Spuren wandeln, alles von ihm kennenlernen, selbst seine Lektüren. So landete er in Mailand. Hier fand er Arbeit als Klavier- und Gesangslehrer neben seiner Tätigkeit als Sänger.

Als sein Sohn auf die Welt kam, reichte das nicht mehr. Er entsann sich seines Interesses für Fotoapparate und begann, gebrauchtes Fotomaterial zu kaufen und zu verkaufen. Dabei entdeckte er seine Leidenschaft für Leicas. Die führte ihn oft auf Spezialmessen und Auktionen nach Deutschland. Er wälzte Bücher und lernte alles über diese Apparate. Er baute sie auseinander und wieder zusammen, denn die alte Kameratechnik erfordert viel handwerkliches Geschick. Er spezialisierte sich auf gebrauchtes Fotomaterial. »Kameras haben ein langes Leben. Die alten Fotoapparate sind nicht nur wertvoll, sondern oft auch wirklich sehr gut.«

Schräg gegenüber liegt das zweite, größere Geschäft mit vielen Mitarbeitern. Hier ist es immer voll von Fotografen und Amateuren, die Zubehör für ihre Kameras suchen, ihre Apparate zur Reparatur bringen, neue Objektive brauchen oder sich auch nur beraten lassen. Hier findet man alles, was nicht Leica ist. Jeder hier verkaufte Apparat, ob neu oder alt, wird registriert. Auf der Website gibt es eine Liste aller gestohlenen Fotomaterialien, die regulär angezeigt wurden. Die alten Kameras werden so sorgsam restauriert, dass es auch für gebrauchte Apparate und Zubehör zwei Jahre Garantie gibt. Als wären sie neu.

Adresse Via Dante 12, 20121 Mailand, Tel. +39/02/36589216, www.newoldcamera.com, info@newoldcamera.it | **Anfahrt** Metro M 1, Haltestelle Cairoli | **Öffnungszeiten** Mo 15.30−19 Uhr, Di−Sa 10−13 und 15.30−19 Uhr

76__Nipper

His Master's Voice

Angefangen hat die Leidenschaft für alles, was klingt, als Alfonso Mignoli beim Militärdienst als Funker eingesetzt wurde. Aus Spaß schenkte ihm sein Vater ein uraltes Radio, und da sprang der Funke über: Alfonso begann, antike Radios zu sammeln, und musste bald Apparate für den Verkauf erstehen, um die ersehnten Altertümchen bezahlen zu können. 1999, nach Jahren auf Sammlerbörsen, wagte Alfonso mit seiner Frau Chantal den Sprung und eröffnete seinen Laden am Naviglio.

Wunderschöne alte Grammophone mit großen Trichtern stehen in den Regalen – neben ihren Vorläufern, den Phonographen, mit denen man den Schall nicht nur wiedergeben, sondern auch aufnehmen konnte. Auch »Mikiphone« gibt es hier. Wunderwerke der Genfer Uhrmeisterkunst: zusammenklappbare Grammophone in Schächtelchengröße aus den 1920er Jahren, sozusagen die »Vorfahren« des iPods. Nicht wegzudenken: Röhrenradios, Radios aus Omas Zeiten, dunkle Bakelite- und farbige Catalin-Radios in allen Formen und Größen. Darüber hinaus kitzeln Lautsprecher, Vintagemikrofone, von den ersten – sein ältestes ist von 1895 – bis zu den Designertelefonen der 1960er und 1970er Jahre die Sinne und natürlich auch Jukeboxen. »In Italien ist es schwierig, spezialisiert zu sein. Man muss sein Angebot breiter fächern und sich den Sammlermoden anpassen«, erzählt Alfonso. So sind Flipperautomaten, Lampen, Schreib- und Rechenmaschinen zuzüglich allem nur Erdenklichen von vor 1980 hinzugekommen.

Viele »Nipper« schmücken den Laden: auf Bildern, als Figuren oder riesengroß im Schaufenster. So nämlich hieß der kleine Terriermischling, der angeblich der Stimme seines verstorbenen Herrn aus einem Edison-Phonographen lauschte und der von dessen Bruder Francis Barraud in einem Bild verewigt wurde. Dieses Logo kennt die Welt – wie die Welt von heute den Mailänder »Nipper«.

Adresse Via Ripa di Porta Ticinese 69, 20142 Mailand, Tel. +39/02/8376947, www.nipper.it, info@nipper.it | **Anfahrt** Metro M 2, Haltestelle Porta Genova | **Öffnungszeiten** Mi–Sa 14–20 Uhr

77_ NonostanteMarras

Der Modephilosoph

Für seinen Mailänder Concept Store hat sich der Sarde Antonio Marras ein ehemaliges Fabrikgebäude mit hoher Decke, großen Glasfenstern und abgeblättertem Putz ausgesucht. Eigentlich wollte er hier keinen Laden aufmachen, aber seine Frau Patrizia Sardo Marras hat es verstanden, ihn zu überzeugen. Daher der Name »NonostanteMarras«, was bedeutet »Trotz Marras«.

»Für uns muss ein Geschäft wie ein Kino sein«, erklärt sie. »Es muss Anregungen und Denkanstöße bieten. Neben Antonios Modekreationen haben wir hier auch Bücher und Zeitschriften. Wir organisieren Ausstellungen, Lesungen und Konzerte. Wer herkommt, soll sich wohlfühlen. Antonios Mode braucht einen persönlichen Ort, denn sie ist Lebensstil.« Mitten im Raum steht ein riesiger, aus alten Schubladen errichteter Bücherturm. Ecken mit Vintagemöbeln laden zum Plausch ein. Die Atmosphäre wirkt beinahe vertraut. Modellpuppen mit aufregenden Kleidern blicken kühl herab, während auf Kleiderstangen die vielschichtigen, zeitlosen Kollektionen hängen.

Antonio Marras hat nie eine Modeschule besucht, doch schon 1999 mit seiner ersten Kollektion in Mailand Aufsehen erregt. 2003–2011 hatte er die künstlerische Leitung für Kenzo in Paris inne. Marras überrascht, spielt mit Farben, Formen, Texturen und Techniken; die Stoffe kommen aus der ganzen Welt. Diese Kleider sollen Frau und Mann auch nach zehn Jahren noch tragen können. In ihnen mischen sich sardische Traditionen mit grenzenlosem Ideenreichtum. Jede Kollektion wird einer Persönlichkeit gewidmet und soll deren Stil und Aura wiedergeben.

In seiner sardischen Heimatstadt Alghero hat Marras sein Atelier. Dort entwirft er seine Kleider, und dort werden sie auch handgefertigt. Serien werden in einer Firma in Mantua produziert. Marras Kreationen findet man weltweit.

Doch nur hier, in seinem Mailänder Concept Store, stoßen Sie auf eigentliche Originale, die exklusiv für das Geschäft produziert werden.

Adresse Via Cola di Rienzo 8, 20144 Mailand, Tel. +39/02/76280991, www.antoniomarras.it, bottega@anoniomarras.it | **Anfahrt** Bus 50, Haltestelle Via Foppa/Via Stendhal | **Öffnungszeiten** Di–Sa 10–19 Uhr

78__Paper & People
Kalkstein, Kunstharz, Kleie

Tauchen Sie ein in ein Farbenmeer aus Nuancen und Schattierungen. Meist tummeln sich hier Grafiker, Kunststudenten, Modedesigner oder schlicht alle, die etwas aus Papier brauchen und auf Inspirationssuche sind. Denn Papier unterstreicht in der Kommunikation, was das Fertigprodukt darstellen oder mitteilen will: Nachhaltigkeit, Stofflichkeit, Luxus, Transparenz.

So hat ein Brauhaus sein Menü aus den alten Etiketten der Flaschen und aus Hopfenabfall machen lassen. Es gibt Papier, das sich wie Stoff anfühlt, auch so aussieht und daher im Modebereich verwendet wird. Nachhaltig Hergestelltes ist für Kataloge mit ökologischen Produkten geeignet.

Vor etwa zehn Jahren kam Fabio Ferrari die Idee, ein spezialisiertes Papierzentrum für Grafik, Design und Kommunikation zu eröffnen. Über 2.500 verschiedene Papiere sind zunächst nach Farben sortiert. Es folgen weitere Unterteilungen: Japan-Papier mit besonderen Texturen und Farbtönen, metallische, durchscheinende, nass aussehende Bögen oder solche mit besonderen Texturen, die optisch wie haptisch an Leder, Holz, Gummi oder Plastik erinnern. Auch zellulosefreies Papier aus Steinen gibt es hier, das überwiegend aus zermahlenem Kalkstein und Kunstharz besteht; es ist fest, wasserabweisend und daher geeignet für Stadtpläne und Einkaufstüten. Weiter finden Sie Papier aus den Algen der Lagune von Venedig. Die Nudelfirma Barilla hat ihre Broschüre gar aus Kleien machen lassen. Die Möglichkeiten der Herstellung aus Nebenprodukten sind ungezählt.

Die Papiere kommen von Firmen aus der ganzen Welt und sind alle bedruckbar. Nicht nur Fachleute lassen sich hier beraten. Jeder Paperlover kann bei einem Mindesteinkauf Papierbögen oder fertige Produkte erwerben – Umschläge, Visitenkarten, Einladungen, Speisekarten, Kataloge, Schachteln, Shopper können »maßgeschneidert« werden. Auch machen Ihnen Kurse die Welt des Papiers verführerisch transparent.

Adresse Via Friuli, 32, 20135 Mailand, Tel. +39/02/5460981, www.paperandpeople.com, info@paperpeople.it **| Anfahrt** Metro M3, Haltestelle Lodi TIBB; Tram 16, Haltestelle Viale Umbria Via Comelico **| Öffnungszeiten** Mo–Fr 9.30–12.30 und 14–18.30 Uhr, Okt.–Jun. Sa 9.30–13 Uhr

79_Pèpè Children Shoes

Singendes Leder

»Hören Sie das Leder?«, fragt Paola und reibt die pflanzlich gegerbte Tierhaut zwischen ihren Fingern. »Wir sagen dazu ›es singt‹.«

Vor rund 20 Jahren entwarfen Dario und Paola Pizzetti ihre erste Kinderschuhkollektion. Darios Vater, ein Schuhfabrikant aus Vigevano, hatte für die Kleinen bis dahin nur erste Babyschühchen und Pantoffeln für den Kindergarten hergestellt. Ihren ersten Laden eröffneten Paola und Dario vor fast zehn Jahren in Paris, 2012 kam dann »Pèpè« nach Mailand. Hier finden Sie handwerklich herge-stellte Luxusschuhe aus besten Ledersorten, *made in Italy*. Für die zarten Babyfüßchen ist nur das sonst für Handschuhe verwendete Kalbs- und Lammleder gerade weich genug.

Für ihre »pèpè«, wie Schuhe in der italienischen Kindersprache heißen, wählten Paola und Dario nicht die üblichen Gummisohlen, sondern solche aus Leder. Sie sind dadurch viel leichter, sensibili-sieren den Kinderfuß für die Bodenbeschaffenheit und erlauben ihm, die Steinchen zu erspüren. »Außerdem fanden wir sie auch viel schöner!« Nicht nur sie. Vor allem Geschäfte aus Frankreich impor-tierten ihre Kreationen, ein Mix aus Tradition und Pfiff.

Die Modelle sind von nostalgischem Chic; ein Steckenpferd der Inhaber ist auch der klassische italienische Kinderschuh: »scarpine con occhi«, eine geschlossene Sandale mit zwei Löchlein in vielen Farb- und Ledervarianten. »Die ersten Schuhe müssen hinten hoch sein und ein minimales Fußbett haben, denn ein zu stark struktu-rierter Schuh erlaubt es der Muskulatur nicht, sich zu stärken.«

»Mary Jane«, eine Ballerina mit Riemchen, entzückt Mütter wie Töchter gleichermaßen. Hinzu kommen Sandalen und Halb-schuhe, im Winter Stiefel und feste Schuhe bis Größe 40. Auch: Material und Farben können Sie selbst wählen. Ein direkter Durchgang führt Sie ins passende Nachbargeschäft Amelia, das klassisch elegante Kinderkleidung führt. Hören Sie das Leder, sehen Sie den Stil?

Adresse Via Ansperto 10 (Eingang Via Nirone), 20123 Mailand, Tel. +39/02/878817, www.pepechildrenshoes.it, www.pepestoremilano@pepechildrenshoes.it | **Anfahrt** Metro M 1, M 2, Haltestelle Cadorna | **Öffnungszeiten** Mo 15–19 Uhr, Di–Sa 10–14 und 15–19 Uhr

80 Pettinaroli

Visitenkarte der Mailänder

Die prächtige Einkaufspassage »Galleria Vittorio Emanuele II« war gerade zwischen dem Duomo und der Scala eingeweiht worden, als Urgroßvater Francesco Pettinaroli vor über 130 Jahren seine Typografie mit Binderei und Schreibwarengeschäft direkt daneben eröffnete. Seitdem lassen die feinen Mailänder ihre Ankündigungen hier drucken. Der Laden ist zwar 1959 ein paar Meter weiter gezogen, aber sonst hat sich fast nichts verändert. Das dunkle Holzmobiliar ist noch dasselbe. Auch die Bleibuchstaben, mit denen Hochzeits- und Geburtsanzeigen, Visitenkarten und Briefpapier gedruckt werden. Nur die Lampen aus der »Galleria«, die Urgroßvater kopieren ließ, haben heute elektrisches Licht. Als Großvater in der zweiten Generation den Laden übernahm, führte er Drucke ein. Heute leitet wieder ein Francesco das Geschäft – in der vierten Generation. Auch seine Leidenschaft sind Drucke. Im Untergeschoss neben der Typografie gibt es viele: geografische Karten, die ältesten aus dem 16. Jahrhundert, Stadtpläne und Veduten Mailands sowie Bergansichten des gesamten Alpenraums vom 16. bis 19. Jahrhundert.

Ständig ist Francesco Pettinaroli unterwegs auf spezialisierten Messen, Ausstellungen, Auktionen. Seine Kunden suchen das besondere Geschenk, viele kommen aus dem Ausland, und sehr viele sind Sammler. Im Obergeschoss ist die Auswahl an in Leder gebundenen Skizzen- und Tagebüchern aus handgeschöpftem Amalfi-Papier, Bilderrahmen, Lederschachteln, Notizbüchern und Fotoalben groß. Fast alles wird von Handwerkern in Italien produziert.

Immer wieder betreten Touristen den Laden nur, um sich einmal umzusehen. Das tat auch schon Giuseppe Verdi auf seinem Weg zur Scala, der sich im Gegensatz zu Maria Callas und Toscanini nie eine Visitenkarte drucken ließ. So etwas brauchte er nicht. Während heute schön gedruckte Anzeigen und Einladungen wieder so beliebt sind, dass kürzlich eine wohlhabende Mailänderin eine Einladung für das Geburtstagsfest ihres Hundes drucken ließ …

Adresse Piazza San Fedele 2 (Eingang von der Via Marino), 20121 Mailand, Tel. +39/02/86464642, www.fpettinaroli.it, info@fpettinaroli.it | **Anfahrt** Metro M 1, M 3, Haltestelle Duomo; Tram 1, Haltestelle Teatro alla Scala | **Öffnungszeiten** Mo 15–19 Uhr, Di–Fr 10–19 Uhr, Sa 10–14 und 15–19 Uhr

81__Pistacchio e Dintorni
Grüne Diamanten

Sie ist grün, klein und beim Schälen oft hartnäckig. Sie verfeinert viele Speisen und darf beim Aperitivo nicht fehlen. Manche mögen sie süß, manche salzig und geröstet. Und fast alle lieben sie: die Pistazie. Kein Wunder also, dass Federico Costa Gualteri 2014 seine Ladenidee der grünen Frucht widmete. Vier Jahre führte er ein Unternehmen, das sizilianische Nahrungsmittel an kleine Delikatessengeschäfte verkaufte. Mit seiner Frau Cristina fuhr er nach Sizilien, dem Land seiner Großeltern, wo sie die Hersteller typischer Produkte aufsuchten. Am faszinierendsten fanden sie die Pistazienernte in Bronte, der am Ätna gelegenen Hauptstadt des »grünen Goldes«. Der Anbau der uralten Kulturpflanzen gestaltet sich bis heute als schwierig. Sie tragen nur alle zwei Jahre Früchte. Höchst mühsam ist die Ernte von Hand an den steilen Hängen.

Die im kargen Lavaboden und der sizilianischen Sonne gereiften »grünen Diamanten« sind so reich an Mineralien und Geschmack, dass sie zu einem hochgeschätzten und vielfältigen Nischenprodukt avancierten. So kam Cristina auch auf den Namen »Pistacchio e Dintorni« – Pistazien und drum herum. Im kleinen, pistaziengrün gestrichenen Laden, in einem typischen Mailänder Hinterhof, locken die kulinarischen Preziosen in allen Variationen: geschält, grob und fein gemahlen, knusprig karamellisiert. In Form von Creme, Keksen, Torrone oder Pasta mit Pistazienmehl – letztere sollte man mit einer delikaten Soße servieren, am besten mit Pistazienpesto. Die Mailänder Panettone und Colomba – beide mit Pistazienmehl gebacken, dürfen hier genauso wenig fehlen wie mit Pistazien verfeinerter Käse und Salami. Sizilianisches Öl, Wein, Liköre, Kapern, Marmeladen und Konfitüren runden das Angebot ab.

An zwei Abenden in der Woche verwandelt sich der winzige Laden in ein Restaurant. An nur drei Tischen mit jeweils zwei Plätzen serviert ein junger Koch ein sizilianisches Degustationsmenü. Schmecken Sie die Pistazie heraus?

Adresse Corso XXII Marzo 39, 20129 Mailand, Tel. +39/393/5125948, www.pistacchioedintorni.com, info@epiq.it | **Anfahrt** Tram 27, Haltestelle Piazza Emilia | **Öffnungszeiten** Di–Fr 10–13 und 14.30–19 Uhr

82___Porselli

Echt Spitze

Der Traum aller kleinen Mädchen: wie eine Prinzessin auf den Spitzen tanzen! Generationen von Mailänderinnen haben hier ihre ersten Ballettschläppchen gekauft. Die Spitzenschuhe kommen erst viel später, wenn der Fuß stark genug für sie ist.

Gleich neben der Mailänder Scala befindet sich Porselli – erste Adresse für Ballettschuhe. Auf dunkelroten Samtsesseln gleich jenen, mit denen die Theaterlogen in der Oper möbliert sind, probiert man die Schühchen an. Seit fast 100 Jahren stellt die Firma Porselli Ballettschuhe her und exportiert sie in die ganze Welt. Es gibt viele verschiedene Modelle für Anfänger und Fortgeschrittene, von »Etüde« bis großer Auftritt.

Jeder Fuß braucht seinen Schuh. Der muss ihn wie eine zweite Haut umschließen, die richtige Sohle und Härte haben. Fachmännische Beratung ist dabei höchst wichtig. Das erfordert Zeit und Geduld. Daniela Imperio und Silvana Pogliani helfen bei der Wahl. »Wir arbeiten seit 20 Jahren in diesem Geschäft. Wir gehören schon zum Inventar«, erzählen sie stolz. Natürlich gibt es hier auch Ballettstiefel, Tanzschuhe für Flamenco, Jazz und Stepptanz sowie Trikots, Strumpfhosen, Zehenpolster, Taschen – kurz: alles, was zum Ballett und Tanz gehört. Tutus, Ballettkleider und -röcke, werden in der eigenen Schneiderei genäht. Auch Nichttänzerinnen kaufen hier Bodys und Trikots.

Im Sommer, wenn die Ballettschulen Ferien machen, schlägt die Stunde der Ballerinas. Nein, nicht der Tänzerinnen, sondern all jener, die mit den gleichnamigen, graziös anmutenden Schuhen durch Mailand schweben möchten. Seitdem Brigitte Bardot im Kultfilm »Und immer lockt das Weib« diese Schuhe populär machte, wurden sie zu einem unverzichtbaren Accessoire jeder Fashionista. Bei Porselli gibt es sie in jeglichen Farben und Mustern; sie werden in einer Werkstatt bei Mailand hergestellt. Farbe und Größe sind bestellbar. Allerdings nicht die Spitzeneleganz im Schritt.

Adresse Piazza Paolo Ferrari 6, 20121 Mailand, Tel. +39/02/8053759, www.porselli.it, info@porselli.it | **Anfahrt** Metro M 1, M 3, Haltestelle Duomo; Tram 1, Haltestelle Teatro alla Scala | **Öffnungszeiten** Mo 15–19.30 Uhr, Di–Sa 9–12.30 und 15–19.30 Uhr

83__Preziosessenze

Duftakkorde

Man nehme: 10 Milliliter Alkohol, 15 Tropfen Vanille-Essenz, und vermische die Zutaten. Doch ganz so einfach ist es nicht mit dem selbst gemixten Duftwasser. Erst einmal bedarf es einiger Grundkenntnisse. Parfüm ist eine Mischung aus etwa 80 Prozent Alkohol und in destilliertem Wasser aufgelösten ätherischen Ölen oder synthetisch hergestellten Duftstoffen aus verschiedenen Duftfamilien. Man muss sie kombinieren lernen, denn nicht alle harmonieren. Dabei hilft Pamela Aicardi.

Zunächst wollte die ehemalige Kostümbildnerin diesen Job nicht annehmen, doch ihr Cousin riet ihr zu: »Das kannst du bestimmt! Es ist nichts anderes als das, was du bisher getan hast. Was Farben und Kleider waren, sind jetzt Aromen und Düfte.« Begeistert führt Pamela nun ihre Kunden in die Geheimnisse des Parfümmixens ein: »Jedes Parfüm setzt sich aus Kopf-, Herz- und Basisnote zusammen. Die Kopfnote riechen wir sofort, doch sie verflüchtigt sich als erste. Die Herznote ist – klar! – das Herz, der eigentliche Charakter des Parfüms, während die kaum wahrnehmbare Basisnote am längsten anhält.« Weiter erläutert Pamela die neun Duftfamilien, zu denen jeweils viele Essenzen gehören – von Amber bis Zypresse.

Nun heißt es, erst den Charakter und dann die Duftnote zu wählen. Man muss sie testen, denn die Duftnoten entwickeln sich auf jeder Haut unterschiedlich. Die Zutaten sind einzeln oder als verschiedene fertige »Kits« mit einem Fläschchen Alkohol, einem Duft oder einer Essenz erhältlich, weitere mit Pipette, Mischbecher, Trichter und Flakon. Neutrale, geruchlose Körpercremes, Duschgele oder Waschmittel, denen sich ein paar Tropfen Essenz zufügen lassen, runden das Angebot ab. Sollen Ihre Tischdecke und Servietten nach Schokolade oder Zitronen duften? Möchten Sie Bettwäsche mit Rosenblüten- oder Waldbodenduft? Der Phantasie sind keine Grenzen gesetzt, es ist jetzt an Ihnen zu komponieren!

Adresse Corso Genova 3, 20123 Mailand, Tel. +39/02/49637136, www.preziosessenze.it, negozio@preziosessenze.it | **Anfahrt** Bus 94, Haltestelle Piazza Resistenza Partigiana; Metro M 2, Haltestelle Sant'Ambrogio | **Öffnungszeiten** Mo 15.30–19.30 Uhr, Di–Sa 10–13.15 und 15.30–19.30 Uhr

84___Profumeria della Vecchia Milano

Venus und die Queen

Die wahren Kenner suchen nicht nach Namen, sondern nach Düften – eine Welt für sich. In diesem Geschäft, einer ehemaligen »drogheria«, Kolonialwarengeschäft, vom Ende des 19. Jahrhunderts mit Originaleinrichtung, taucht man seine Nase in ferne Zeiten und Landschaften, will heißen: in ausgewählte Düfte.

Nach Europa gelangten die wohlriechenden Kräuter und Gewürze aus dem Orient erst ab Ende des 15. Jahrhunderts; zunächst erreichten sie Venedig, wo Alchimisten erste Parfüms entwickelten. Doch die Entstehung der Parfümerie beginnt erst Ende des 16. Jahrhunderts mit der Extraktion von Blütenessenzen in einem Laboratorium in Grasse, der heutigen Welthauptstadt des Wohlgeruchs.

In der Profumeria della Vecchia Milano finden Sie Klassiker wie »Fracas« und »Bandit« von Robert Piguet, Düfte aus der Collection Privée von Molinard oder von Creed, aber auch weniger bekannte und schwer zu findende »Riech-Bouquets« von Laura Tonatto, der »Nase Italiens« aus Turin, die gar schon für arabische Prinzen und für die Queen edle, geheimnisvolle, aus vielen Schichten komponierte Parfüms kreiert hat. Kunst und Literatur liegen der ungewöhnlichen Parfümeurin am Herzen; in ihrer »olfaktorischen Galerie«, Gallerie Olfattive, in Rom ließ sie sich beispielsweise von dem Gemälde der »Venus« von Botticelli inspirieren und hat es für unser Näschen neu interpretiert.

Originell sind auch die pfeffrigen Parfüms der Nase Maria Candida Gentile aus der Toskana. Der Duft in den eleganten Flakons aus Muranoglas des Hauses »The Merchant of Venice« erinnert wiederum an Essenzen und Gewürze, die die Venezianer aus dem Orient nach Europa brachten.

Gemeinsam mit ihrer Tochter Tiziana hilft Ihnen Diana Soffiantini, die mit 14 Jahren hier zu arbeiten begann, Ihren persönlichen Duft zu finden.

Adresse Via S. Giovanni sul Muro 8, 20121 Mailand, Tel. +39/02/86451669 |
Anfahrt Metro M 1, Haltestelle Cairoli | **Öffnungszeiten** Mo–Fr 8–19 Uhr, Sa 9–19 Uhr

85__Raimondo Garau

Was in Möbeln steckt

Raimondo Garaus Leidenschaft gilt der Innenarchitektur. In seinem eleganten, hellen Laden finden Sie Designermöbel des 20. Jahrhunderts aus ganz Europa neben indischen Teppichen, englischen Regency-Sofas und Stücken des Settecento.

Für den gefragten Antiquar sind seine Stücke mehr als nur Gebrauchsgegenstände. Er sieht in ihnen vielmehr die Idee, die in ihnen steckt, und versteht es, ihre Bedeutung, ihre Stärke, ihren Sinn hervorzuheben und sie entsprechend in Szene zu setzen. »Sein Talent liegt darin, verschiedene Stile zu mischen. Dazu braucht man ein wachsames Auge und viel Hintergrundwissen«, lobt eine Kundin.

Mit sicherem Geschmack kombiniert der Sammler antikes Mobiliar mit Designstücken aus dem 20. Jahrhundert. »Möbel sind spannend, denn sie sind praktisch unerforscht, besitzen eher eine Alltagsfunktion«, erklärt Garau. Früher wurden sie von Tischlern gemacht. Erst mit den Manufakturen und später der Industrialisierung kamen ausgefeilte Entwürfe hinzu. Die ersten stammten noch von Ingenieuren oder Architekten, die an die Einrichtung der geplanten Häuser dachten. Möbeldesign als eigene Branche existiert erst seit dem 20. Jahrhundert.

Oft findet Garau Einrichtungsgegenstände, die keinen berühmten Namen tragen, man weiß nicht, wer sie erdacht oder gefertigt hat. Es steckt in ihnen jedoch Poesie oder eine besondere Ausstrahlung, die sie zu Unikaten macht. Und Garau weiß: »Auch diese Stücke haben eine Geschichte, sind Ausdruck ihrer Zeit, sind qualitativ gut und oft nicht nur schöner, sondern auch günstiger als neue.«

Bei Vintagemobiliar gibt es wie überall Trends; zur Zeit sind Sessel in. Die lässt Garau von einem alten Tapezierer, der sie noch mit Rosshaar polstert, mit ausgesuchten Stoffen in besonderen Farben und Mustern beziehen. Garaus eklektischer Stilmix ist nicht nur in Privathäusern gefragt. Er hat Hotels, Restaurants, Showrooms und selbst Boote möbliert – bis endlich Stil drinsteckte.

Adresse Via Varese 20 (Eingang von Viale Francesco Crispi), 20121 Mailand, Tel. +39/02/6599913, www.raimondogarau.com, milano@raimondogarau.it | **Anfahrt** Metro M2, Haltestelle Moscova | **Öffnungszeiten** Di – Sa 10 – 13 und 15 – 19.30 Uhr

86 Ravels

Individuell gestrickt

Die vielen Farben! Klassische Wollpullover, Trikots und Kleider in allen Tönen, auch zwei- und dreifarbig, lässt es Ihnen bunt vor Augen werden. Kein Zufall: Alberto Lanzonis Vorliebe für Strickwaren und Handwerk brachten ihn nach langer Tätigkeit als Modeeinkäufer für diverse berühmte Brands auf die Idee, sein eigenes Label zu kreieren. Er ging nach Brighton, erlernte das Handwerk und machte vor drei Jahren seinen eigenen Laden auf.

Lanzoni entwirft die Modelle, Edoardo Perinelli, von Haus aus Grafiker, zeichnet sie, und Ilze Godlevskis berät zu Farbkombinationen und produziert ihr eigenes Stricklabel »Leiz« für Interior Design. Das letzte Wort jedoch hat die Strickerin Elena Fornari. Sie erst setzt die Projekte um. Die Handflachstrickmaschine zu bedienen erfordert Fingerfertigkeit und Geschick: ein aussterbender Beruf.

Bei Ravels, vom Englischen »to ravel« – verwickeln –, gibt es das ganze Jahr über Strickwaren. Im Winter werden nur aus Italien stammende Kaschmir-, Merino- und Alpakagarne verwendet, im Sommer solche aus Baumwolle, oft auch mit Seide durchsetzt.

Alberto Lanzoni bietet eine experimentierfreudige, reiche und gleichzeitig zeitlose Palette. Das teilweise sportliche Design ist schlicht, Linien und Farben sind klar. In den Sommermonaten ziehen Pullis, Trikots und figurbetonte sowie gerade gestrickte Kleider die Schaufensterblicke an. Wenn es kälter wird, versprechen Pullover, Ponchos, Stolas, Mützen oder Riesenpullis wohlige Wärme. Charakteristisch sind die Details wie Hals- und Ärmelbündchen oder Taschen in vielen Varianten.

Herren finden hier Westen, Pullover und Strickjacken in vielen Farbtönen, auch wenn sie spontan meist nach dem klassischen Grau oder Blau greifen. Es wird auch auf Wunsch gestrickt. Man kann sich Farben, Größe und Modell aussuchen und Änderungen vornehmen lassen. Da soll schon so mancher Mann ins Kombinieren geraten sein …

Adresse Via Solari 4, 20144 Mailand, Tel. +39/02/87246601, www.ravels.it, info@ravels.it |
Anfahrt Metro M 2, Haltestelle Sant'Agostino; Tram 14, Haltestelle Via Montevideo |
Öffnungszeiten Mo 16–19.30 Uhr, Di–Sa 10–13.30 und 15–19.30 Uhr

87 _ Re della Baita

Der Käsekünstler

Als Fabio Re 1990 das »Alimentari« übernahm, war dies noch der typische Krämerladen, der von allem ein bisschen führte. Die zunehmende Konkurrenz der Supermärkte bereitete ihm jedoch nicht das Ende, sondern machte ihn stärker: Fabio spezialisierte sich. Allmählich verwandelte sich sein Geschäft in ein Käseparadies. Nach wie vor wird man mit Namen begrüßt; Zeit für einen kleinen Schwatz ist auch immer. Das brachte ihm viele treue Kunden – und die große Liebe! Seine Frau Loredana Scuderi begeistert sich nicht nur für den Käse: »Wenn Fabio von ›Formaggio‹ spricht, vermittelt er Liebe und Poesie.« Im Duett erzählen sie von ihrer Arbeit und Leidenschaft. Auch der Urlaub steht im Zeichen des Käses. »Jedes Jahr unternehmen wir mehrere Reisen, vor allem in Italien und Frankreich, auf der Suche nach neuen, kleinen Herstellern – und nehmen nur, was uns überzeugt.«

Sie besuchen Messen in Italien, Frankreich und Deutschland, kennen ihre Erzeuger fast alle persönlich und achten auf die kleinsten Dinge, um erlesene Qualität zu erzielen.

Mancher Käse reift noch im Laden, ehe er zum Verkauf angeboten wird. Die Frischtheke quillt über mit Ziegen-, Schafs- und Kuhmilchkäse, viele aus Rohmilch, darunter auch rare, prämierte Sorten. Dazu bietet der Käsekünstler selbst zubereitete Köstlichkeiten wie in Sauternes marinierte, mit Foie gras gefüllte Feigen oder Frischkäse mit weißem Trüffel.

Überraschend ist auch das erlesene Angebot an Wurstwaren. Die Salamis und Schinken stammen von besonderen Schweinerassen und kommen meist aus kleinen regionalen Produktionen aus ganz Italien. Alle Produkte hier kann man sich vakuumieren lassen.

In den Regalen locken weitere Delikatessen: Pâtés aus Frankreich, besondere, zu Käse passende Konfitüren, edle Weine – oder gar in Italien produzierter Kaviar, dessen Hauptabnehmer das russische Konsulat ist. Für jeden Gaumen ist etwas dabei.

Adresse Via Paolo Sarpi 46, 20154 Mailand, Tel. +39/02/3319651, www.redellabaita.it |
Anfahrt Bus 43, Haltestelle Piazza Morselli; Tram 12, 14, Haltestelle Via Bramante/Via
Sarpi | **Öffnungszeiten** Mo 8.30–12.30 Uhr, Di–Sa 8.30–13 und 15.30–19.30 Uhr

88__ Red Room
Selbst gemachte Träume

Freiheit, Kreativität, keine Vorgesetzten, das eigene Label vermarkten … Der Traum aller jungen Designer hat in Zeiten der Wirtschaftskrise und der Globalisierung ordentlich Federn gelassen.

Irene Roghi und Andrea Brembati hatten das Label »Playshirt« bereits gegründet, bevor der Markt so richtig eng wurde. Ihr interaktives T-Shirt ist nicht nur ein Kleidungsstück, sondern auch Kommunikation und Spiel. Dazu gehört ein Set mit Buchstaben, Nummern und Symbolen. Man klebt sie anhand von Klettbändern auf die flotten Shirts fest und kann damit kleine Statements, Botschaften schreiben oder einfach das, worauf man Lust hat.

Früher verkauften Roghi und Brembati auf Märkten, wo sie andere junge Designer trafen – alle ohne festen Standort. Vor einem Jahr entdeckten sie zufällig den leer stehenden kleinen Laden in Lambrate, einer Gegend, in der sich in jüngerer Zeit Galerien, Architekten und Agenturen ansiedeln und ehemalige Fabriken zu exklusiven Lofts umgebaut werden.

»Red Room«, benannt nach der Fernsehserie »Twin Peaks« von David Lynch, wurde zum Raum ihrer Träume. Sie füllten das kleine rote Zimmer mit dem schwarz-weißen Zick-Zack-Fußboden mit Ideen und machten es zum Sitz ihres neu gegründeten Kulturvereins »Carmilla«, dessen Mitglieder ihre Ware im Geschäft anbieten dürfen.

Alles ist handgemacht: Kleidungsstücke, Schmuck, Accessoires, Illustrationen und kleine Einrichtungsgegenstände. Innovativ sind die multifunktionalen Schals, die sich in Hemd oder Kleid verwandeln, Strumpfhosen mit verschiedenfarbigen Beinen, lustige Tops und T-Shirts aus Biobaumwolle, Kleider im Retro-Stil von »Les Chourettes«, zwei jungen Modeschöpferinnen. Originell die kleinen und großen Taschen, Kissen, Bilder, Lampen, Broschen, Schmuck aus Gummi, aus Glas oder auch aus Gold. Das Angebot erneuert sich ständig, denn viele Stücke sind Unikate, und es kommen immer neue Kunsthandwerker und Designer hinzu, deren Traum sich erfüllt.

Adresse Via Conte Rosso 18, 20134 Mailand, Tel. +39/02/30120481, www.redroomstore.com, info@redroomstore.com | **Anfahrt** Metro M 2, Haltestelle Lambrate | **Öffnungszeiten** Di–Fr 10–13 und 16–20 Uhr, Sa 12–19 Uhr

89___Ricordi & Balocchi

Sammler sind Retter

Verzaubert bleibt man vor dem kleinen Schaufenster voller alter Puppen und Blechfiguren stehen, schließlich tritt man in einen langen, schmalen Laden. Beide Seiten flankieren bejahrte Schränke und Holzregale mit dicht gedrängtem Spielzeug. Da stehen, hocken und sitzen Puppen aus Zelluloid, Porzellan oder Biskuit zwischen ihren alten Spielgefährten, Teddybären und vielen anderen Steifftieren. In den Regalen auf der anderen Seite parken Boote, Autos, Loks und Züge, und Roboter blicken staunend umher.

Man quetscht sich an einer Vitrine mit Zinnsoldaten und mechanischen Blechspielen vorbei und muss aufpassen, keine Schaukelpferde und überfüllten Kinderwagen umzurempeln. Und endlich, ganz hinten, sitzt Giorgio Crippa an seinem Computer, der ihn mit dem Rest der Welt alter Träume verbindet: Stets ist der leidenschaftliche Sammler auf der Suche nach neuen »Erinnerungen«, die es zu retten gilt. Altes Spielzeug erzählt aus unserer Vergangenheit, lässt die damalige Gesellschaft en miniature aufleben, gibt uns Auskunft über Sitten und Bräuche, ist eine nostalgische Metapher des Lebens.

Früher war Giorgio Crippa als Lehrer tätig. Dann begann er, Holzspiele zu bauen und Werkkurse für Kinder zu halten; seine Sammlung wuchs und wuchs. Vor etwa 18 Jahren entschieden seine Frau und er, den Laden zu eröffnen und aus der Sammelleidenschaft ein Gewerbe zu machen. Hinzu kam auch eine Puppenklinik – im hinteren Zimmerchen. Hier operiert die ehemalige Kunsthandwerklehrerin und Puppenrestauratorin Elfriede Bühler und erweckt erblasste Lieblinge zu neuem Leben.

Obwohl es in diesem Laden nur Spielzeug gibt, sind die meisten Besucher Erwachsene. Entweder sind sie Sammler oder auf der Suche nach einem originellen Geschenk, das nach Kindheit riecht.

Zum Abschluss sagt Crippa, dessen Traum es ist, ein Museum für italienisches Holzspielzeug zu gründen: »Erinnerungen, Spiele retten. Das ist meine Mission.«

Adresse Via Donizetti 2, 20122 Mailand, Tel. +39/02/5511786, www.ricordiebalocchi.com |
Anfahrt Tram 12, 27, Haltestelle Corso Porta Vittoria (Camera del Lavoro) |
Öffnungszeiten Mo – Fr 10 – 13 und 15.30 – 19.30 Uhr, Sa nach Vereinbarung

90__ Sacchi

Fingerspitzengefühl

Generationen von Mailänder Fingern hat Odoardo Sacchi in Handschuhe gekleidet. Als er 1933 seinen Laden eröffnete, gehörten die Handschmeichler ganz selbstverständlich zum Charleston-Kleid der Damen und stellten auch ein unverzichtbares Trendaccessoire für Herren dar. In den 1950er Jahren war die feine Damengarderobe ohne Handschuhe ebenso undenkbar. Ein Blick auf die Hände reichte Odoardo, um zu wissen, welche Größe angesagt war.

Zu seinen Kunden gehörten die Schönen, Reichen und Mächtigen. Als er Mitte der 1990er Jahre mitteilte, dass er schließen werde, wurde die Nachricht gar in Presse und Fernsehen gebracht. Dann jedoch übernahmen Tochter Ada und Enkel Andrea Sacchi das Geschäft. Zwei Firmen stellten damals (wie heute) die Handschuhe her, allerdings derzeit nicht mehr nach Maß. Der Laden liegt neben dem Museo Archeologico und der mit Fresken von Bernardino Luini ausgestatteten Kirche San Maurizio. Samt Mobiliar hat er sich seinen altehrwürdigen Charme bewahrt.

Die meisten Modelle sind aus dem Leder von Ziegen, Hirschen, Gämsen und Peccarys hergestellt und mit Kaschmir oder Seide gefüttert. Für den Sommer gibt es Handschuhe aus Stoff: Microfasern, Baumwolle sowie lange und halblange Galahandschuhe aus Spitze und Satin für den Abend. »Leider tun der Frau, die die Handschuhe für uns häkelt, die alten Knochen weh, und man findet niemanden mehr, der das so gut kann«, bedauert Ada Sacchi.

Auf dem Verkaufstisch liegen kleine, elegante Kissen; daneben stehen alte Puderdosen aus Holz und Handschuhweiter. Das Werkzeug stammt noch aus der Zeit der Ladeneröffnung und wird heute noch benutzt, um Handschuhe anzuprobieren, denn sie müssen wie eine zweite Haut sitzen. Die einzelnen Finger werden mit der Zange geweitet, man stützt den Ellbogen auf ein Kissen, und dank dem Puder rutscht der Handschuh. »Wie fühlt er sich an?« Ein Zeremoniell, als probierte man ein Abendkleid an. Absolutes Spitzengefühl.

Adresse Corso Magenta 15, 20123 Mailand, Tel. +39/02/8693314, andreasacchi@live.it | **Anfahrt** Metro M 1, M 2, Haltestelle Cadorna | **Öffnungszeiten** Mo 15–19 Uhr, Di–Sa 9–12.30 und 15–19 Uhr

91__ Salvatore + Marie
Insel der Ästheten

Schwer zu sagen. Ist diese Insel für Ästheten am Rande des vor allem abends sehr belebten Navigli-Viertels eher eine Modeoase oder ein Designshop? Fragen Sie »Salvatore + Marie«. Zwei kreative Menschen, die wie zwei sehr verschiedene Inselbewohner aufeinandergetroffen sind. Marie stammt aus Dublin und war in der Modebranche tätig. Salvatore kommt aus Sardinien und arbeitete als Designer auf dem Kunstsektor. Bei einem Fest lernten sich die beiden kennen und lieben.

Vor etwa 20 Jahren beschlossen sie, ihr Können und Wissen zusammenzutragen, und machten sich selbstständig mit ihrem Laden und eigenem Label »Salvatore + Marie« in der Via Vigevano, die damals längst noch nicht in dem Maße Ziel von Tag- und Nachtschwärmern war.

Das meiste, was es in diesem originellen Concept Store zu kaufen gibt, haben die beiden selbst gezeichnet und den Prototyp dazu hergestellt. Salvatore entwarf eine große Kollektion fürs Haus – Leuchten, Möbel, Spiegel, Regale, Schmuck. Marie gestaltete Mode, Porzellan, Accessoires. Beide experimentieren gern mit Materialien und Formen und kreieren ständig neue Einzelstücke. Gefertigt werden sie von Handwerkern in Mailand, sodass die Schöpfer jeden Schritt verfolgen können. Was hier ausliegt und steht, ist Ausdruck ihres persönlichen Geschmacks. Dazu gehören auch Arbeiten von anderen jungen Designern. Großen Spaß haben sie an ungewöhnlichen Objekten und Skulpturen mit viel Witz. Man findet von allem ein bisschen, darunter auch Gegenstände aus einem Entwicklungsprojekt mit Afrika.

Das Schaufenster lockt Stammkunden wie Neugierige. Eine magische Anziehungskraft auf viele übt auch ein Bücherregal in Form des Wortes BOOK aus. Streifen Sie umher zwischen Kleiderständern, Tischchen und Leuchten, probieren Sie etwas vor einem der vielen Spiegel an und entdecken in jeder Ecke etwas Neues – und tauchen ab in das Meer der schönen Dinge.

Adresse Via Vigevano 33, 20144 Mailand, Tel. +39/02/89422152,
salvatoremarie@fastweb.net | **Anfahrt** Metro M 2, Haltestelle Porta Genova |
Öffnungszeiten Di–Sa 10.30–13 und 15.30–19.30 Uhr

92 Sartoria San Vittore

Gestreifte Näherinnen

»Nächste Woche stellen wir unsere elfte eigene Kollektion vor«, erzählt begeistert Luisa Della Morte, seit 25 Jahren Präsidentin der »Cooperativa Alice«. »Unsere Kreationen kommen gut an, sie sind handgemacht, sorgfältig gearbeitet und haben alle ein besonderes Detail.« Mal sind es eingefügte Häkelarbeiten, mal Makramee. Vor allem Frauen über dreißig begeistern sich für die schlichten Kreationen. Aber auch viele Rechtsanwälte lassen sich hier ihre Maßroben schneidern.

Von außen sieht man nur die Boutique und dahinter einen Raum, in dem genäht wird. Doch das ist längst nicht alles. Modeschöpferin Rosita Onofrio, rechte Hand des Modedesigners Stephan Janson, entwirft die Kollektion und verfolgt jeden Arbeitsschritt. Das manuelle Geschick kommt von Gefängnisinsassinnen sowohl hinter Gittern als auch in der Schneiderei.

Vor etwa zwölf Jahren hatte Rosita Onofrio begonnen, Schneiderkurse im Gefängnis zu geben. Damals nähten sie Theaterkostüme für die Mailänder Scala und andere Bühnen. Als die Aufträge infolge der Subventionskürzungen ausblieben, waren neue Kunden gefragt. Bald nähten die kunstfertigen Lehrlinge für die Stadtverwaltung und Privatfirmen Vorhänge.

2010 endlich fasste die Cooperativa den Mut, ein eigenes Unternehmen außerhalb der Gefängnismauern zu gründen. Das erste italienische Modelabel von Häftlingen wurde registriert und die Boutique Sartoria San Vittore eröffnet. Der einzige Hinweis auf das Gefängnis ist die schwarz-weiß gestreifte Schneiderpuppe im Logo. Hier arbeiten ehemalig inhaftierte Frauen und solche im offenen Strafvollzug. Hauptziel ist es, ihnen einen Beruf zu vermitteln, mit dem sie später entweder Arbeit finden oder sich selbstständig machen können. Deshalb steht Professionalität an erster Stelle. Alle Stoffe kommen aus Italien, manchmal gibt es Schenkungen von Textilfirmen. Die Kreationen überzeugen durch ihre Qualität, und in jedem Teil steckt ein Stück Zukunft.

Adresse Via Gaudenzio Ferrari 3, 20123 Mailand, Tel. +39/02/48002144, www.sartoriasanvittore.com, info@sartoriasanvittore.com | **Anfahrt** Bus 94, Haltestelle Piazza Resistenza Partigiana | **Öffnungszeiten** Mo 15–19 Uhr, Di–Sa 10–19 Uhr

93__Scarazzini

Scharfes mit Schuhen

»Wir sind eine Messerhandlung, auch wenn wir noch anderes zu bieten haben«, beteuert Andrea Bagarotti. Die Geschichte der Messergeschäfte ist hier überall dieselbe: Von der Armut getrieben, waren viele im 19. Jahrhundert aus dem Rendenatal im Trentino ausgewandert und versuchten nun ihr Glück als Scheren- und Messerschleifer in den Städten. Meist bestand ihr Geschäft aus einem per Fahrradpedal angetriebenen Schleifstein, der über einen Gummiriemen mit dem Hinterrad verbunden war. Bald eröffneten die Messerschleifer kleine Läden, schliffen und verkauften Messer und Scheren. Auf die Dauer reichte das jedoch nicht; andere Artikel ergänzten ihr Sortiment. So hatte Scarazzini bereits 1882 begonnen, neben den scharfen Gegenständen Zubehör für Schuster anzubieten.

Antonio Bagarotti kaufte 1984 den Laden; heute führt er ihn mit Sohn Andrea: »Schon lange hatten wir einen Bezug zu diesem Geschäft, denn mein Großvater war Schuhmacher und kaufte alles, was er brauchte, bei Scarazzini«, erzählt Andrea. Nach wie vor findet man hier alles, was schneidet: Messer für Küche, Sport und Sammler, Scheren jeder Art, Feilen und Manikürsets. Schon immer gehörten auch Rasiermesser dazu. Doch seit den 1950er Jahren, seitdem sich Männer selbst rasieren können und nicht mehr zum Barbier müssen, sind neben Klingen, Pinseln und Zubehör so viele Seifen, Cremes, Rasierwasser, Aftershaves, Bartwichse, Pülverchen und Parfüms hinzugekommen, dass sie ein Drittel des Ladens ausmachen. Zum letzten Drittel gehören Schuhzubehör, besondere Schuhlöffel, Birkenstockschuhe sowie »alles, was gut verarbeitet ist«. Und was praktisch ist und den Gentleman schmückt. Wie die Schirme der Firma Maglia, die einst im Corso Genova ansässig war. Ihre handgemachten Regenschirme eroberten sogar den englischen Markt.

Herren jeden Alters kommen her, finden Taschen- oder Küchenmesser. Und die Damen? Kaufen ein besonderes Geschenk für den Herrn.

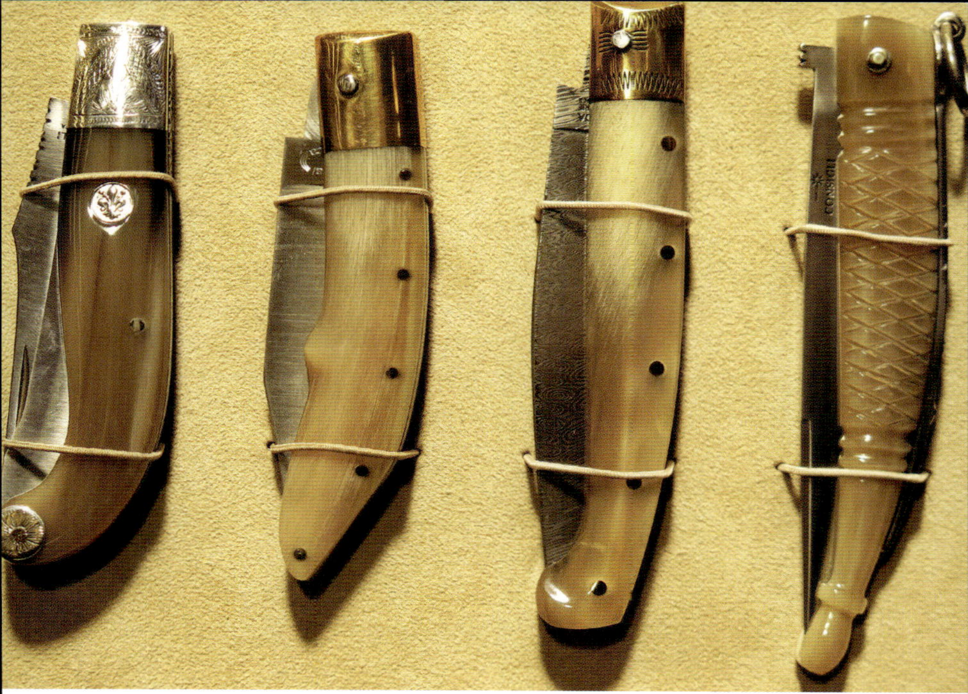

Adresse Corso Genova 28, 20123 Mailand, Tel. +39/02/58111038 |
Anfahrt Metro M 2, Haltestelle Sant'Agostino; Tram 2, 14, Haltestelle Piazzale Cantore |
Öffnungszeiten Mo–Fr 8.30–12.30 und 15–18.30 Uhr, Sa 8.30–12.30 Uhr

94__ Schiavio & Bolzani

Goldrush

Früher kamen ihre Kunden aus dem Bauwesen und der Landwirtschaft. Gino Schiavio hatte eine Fabrik am Comer See, die Drahtnetze herstellte: verzinkte Kupfer-, Messing-, Bronze-, Stahl- und Aluminiumnetze mit verschiedenen Durchmessern, Maschengrößen und Netzbreiten für Zäune, Filter und Siebe. Vor allem Siebe werden universell gebraucht. Grobe von Anstreichern und Maurern, feinere von Restauratoren und Chemikern. Aus ganz Italien, vor allem aus dem Süden, kamen Bestellungen, denn in der Landwirtschaft werden Siebe benötigt, um Oliven zu sortieren und Getreide oder Erde zu sieben. In den 1950er Jahren schloss die Fabrik am Comer See. Der Laden in Mailand jedoch blieb und führte weiter Drahtnetze.

Heute betreibt Gabriele Robba das Geschäft in der dritten Generation mit Hilfe von Mutter Chiara. Ihre Kunden sind nun vor allem Architekten, Designer und Künstler mit Bedarf an Metallnetzen.

Nach und nach jedoch wurde das Sortiment erweitert, denn die Nachfrage hat sich verändert. Fußmatten und Fußabtreter sind die neue Spezialität. Die Kokosfasern kommen aus Sri Lanka, und die Herstellung der Matten erfolgt größtenteils in Italien. Es gibt sie in allen Größen und Farben. Sie werden nach Maß gefertigt und auch in Hotels, Läden und Appartementhäusern verlegt. Scheuer-, Spül- und Flaschenbürsten, Schrubber und Besen aus Reisstroh, Reiswurzeln und Rosshaar runden das Angebot neben weiterem Zubehör für Haus und Garten ab. Manches nicht ganz jugendfrei. So verweigerte Signora Chiara einem Jungen den Verkauf einer Lebendfalle für Mäuse und einem anderen den Kauf einer Sichel, »denn wer weiß, was sie damit angestellt hätten!«.

Schade nur, dass die Zeiten des italienischen Goldrausches vorbei sind. Denn: Was brauchten die Goldwäscher im Ticino? Ein Sieb von Schiavio & Bolzani. Signora Chiara erzählt, einmal habe ihr ein Mann ein glitzerndes Steinchen gebracht. Ob das wohl echtes Gold war?

Adresse Via Cesare Correnti 19, 20123 Mailand, Tel. +39/02/8375773, schiavio_bolzani@fastwebnet.it | **Anfahrt** Bus 94, Haltestelle Piazza Resistenza Partigiana; Metro M 2, Haltestelle Sant'Ambrogio; Tram 14, Haltestelle Carrobbio | **Öffnungszeiten** Mo 15.30–19 Uhr, Di–Sa 8.30–19 Uhr

95__Serendeepity

Vinyl verpflichtet

Für Nicola Mazzetti, Francesca Vituccio und Federico Dottini bedeutet Serendeepity »der Moment, in dem man zufällig etwas Unerwartetes findet, während man ursprünglich nach etwas ganz anderem gesucht hat«. Nichts Geringeres soll den Kunden in ihrem Laden widerfahren. Und tatsächlich: Hier stoßen Sie auf einen ganz besonderen Mix.

Auch zuvor schon hatte Nicola Mazzetti in einem Plattengeschäft gearbeitet; 2009 sein eigenes aufgemacht. Nun recherchiert er nonstop über Plattenneuerscheinungen in der ganzen Welt: Elektronische Musik, House und Techno, aber auch Funk, Soul, Jazz, Weltmusik und R&B sind dabei. Ebenso Soundtracks, Rock, Indie Rock, Punk, Post Punk, New Wave, Reggae oder Dub, bis das Vinyl raucht.

Bei Serendeepity gibt es im Grunde fast nur neue Platten, »denn wir wollen damit die Künstler unterstützen«. Die meisten LPs sind Originalimporte und fächern eine Auswahl auf, wie man sie in Mailand sonst nicht findet. »Sicher, man kann heute alles über Internet kaufen, doch um sich gründlich zu informieren, die Cover in der Hand zu halten, die Platten ganz zu hören, muss man schon zu uns kommen.«

Die Stammkunden schauen im Wochentakt vorbei, um zu hören, was es Neues gibt, und um zu fachsimpeln. Auch auf der Durchreise kommen Enthusiasten hierher. Neben Vinylplatten finden Sie hier Biografien, Bücher über Musikrichtungen, Plattenspieler, Zubehör sowie professionelles DJ-Equipment: Kopfhörer, Mixer, Turntables mit Pitch, um synchronisieren zu können, und Monitore für Musikproduktionen. Manche Musiker stellen ihre LPs vor, andere hauen live in Tasten und Saiten oder machen einen DJ-Set.

Das untere Stockwerk ist Francescas Reich. Zuvor hatte sie in einem Modegeschäft gearbeitet, doch ihre Vorliebe galt schon immer Vintage. Hier präsentiert sie eine Selektion von Kleidern, Gürteln und Schmuck, vor allem aus den 1980er Jahren. Vinyl verpflichtet. Vintage ebenso.

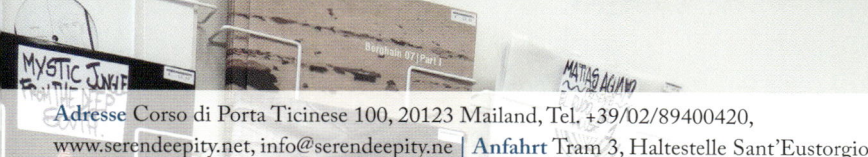

Adresse Corso di Porta Ticinese 100, 20123 Mailand, Tel. +39/02/89400420,
www.serendeepity.net, info@serendeepity.ne | **Anfahrt** Tram 3, Haltestelle Sant'Eustorgio |
Öffnungszeiten Mo und So 15–20 Uhr, Di–Sa 10.30–20 Uhr

96__ Shop Saman

Schön und solidarisch

Die Non-Profit-Organisation Saman für die Rehabilitation von Drogenkonsumenten wurde vor etwa 30 Jahren in Sizilien gegründet. Inzwischen gibt es viele Ableger. In der Keramikwerkstatt der Gemeinschaft in Ravenna haben auch Künstler aus dem nahe gelegenen Faenza Kurse abgehalten. Es entstand die Idee, Schönes und Nützliches mit Solidarität zu verbinden.

Susanna Brandolino, eine bekannte Stylistin, erhielt den Auftrag, einen Laden in Mailand zu konzipieren; Ende 2010 entstand dieser Concept Store für Design und Art-Design. Alle Erträge gehen an ein Haus für Frauen in Not. Obwohl Shop Saman auf einem Projekt und nicht auf Profit gründet, bietet er eine bemerkenswerte Auswahl an schönen und nützlichen Dingen. Zu der, unter der Leitung einer Künstlerin in Ravenna selbst produzierten Gebrauchskeramik – Teller, Tassen, Becher, Schüsseln – kommen Arbeiten angesehener sowie junger Künstler aus ganz Italien hinzu, vor allem aus dem für seine Fayencenarbeiten bekannten Faenza und aus Vietri sul Mare bei Salerno. Wände mit bunten Kacheln schmücken den Raum. Sie werden mit Siebdruckabziehbildern verschiedener Designer in der Gemeinschaft von Ravenna produziert. Zu haben sind acht Stück als Untersetzer oder Kartons mit 50 oder 100 Stück als Wandfliesen.

Neben der Keramik gibt es auch Mode, Schmuck, Lampen und Möbel. Susanna Brandolino hat eine Kollektion entworfen, die handgeschneidert wird – aus hochwertiger, in Italien produzierter Wolle und Kaschmir im Winter, aus Baumwolle im Sommer, kombiniert mit afrikanischen Waxprintstoffen. Das Ergebnis ist originell, witzig und doch elegant. Auch Vintagestühle und -sessel werden mit den farbenfrohen Batikstoffen bezogen. Oft finden im Laden Präsentationen und Ausstellungen von Fotos, Bildern und Skulpturen bekannter Künstler statt. Dieser Laden verbindet zwei Seelen: die konkrete, materielle schöner Dinge mit einer immateriellen, solidarischen Geste.

Adresse Via Galvano Fiamma 5, 20129 Mailand, Tel. +39/02/87237044, www.shop-saman.org, info@shop-saman.org | **Anfahrt** Bus 60, 73, Haltestelle Santa Maria del Suffragio; Tram 12, 27, Haltestelle Santa Maria del Suffragio | **Öffnungszeiten** Di–Sa 10–14 und 15–19 Uhr

97 __ Silvestri
Es werde Licht!

Wohin das Auge reicht: Tisch- und Bodenlampen überall! Von der Decke hängen Kronleuchter und Lüster. Glaskugeln in verschiedenen Farben quellen aus einem Karton. Lampenschalen liegen unter dem großen Tisch in der Mitte, an dem Herr Silvestri arbeitet.

»Man erzählt, ein alter Diener aus reichem Hause habe die Möbel von seinem kinderlosen Herrn geerbt. Er habe damit einen Antiquitätenladen aufgemacht. Sicher ist, dass mein Großvater diesen Laden 1893 gekauft hat.« Auch Silvestris Vater war Antiquar: Heute führt Claudio Silvestri das Geschäft mit Hilfe seiner Tochter Antonia. Sie macht die großen, knarrenden Schranktüren auf. Darin hockt eine dicke weiße Porzellanhenne zwischen Gläsern, Vasen und Keramikfiguren. Die Kommodenschubladen sind voll mit Plakaten der 1920er bis 1960er Jahre, insbesondere von Ausstellungen und französischen Ferienorten.

Mit der Zeit hat sich Silvestri auf Glas und Lampen spezialisiert. Manchmal findet er schon fertige, meistens baut er sie nach Wunsch aus verschiedenen Teilen zusammen. Oft bringen ihm seine Kunden entweder einen Lampenfuß, eine Glaskugel oder einen Glasschirm, und Silvestri zaubert daraus ein neues Leuchtwunder. Da es immer schwieriger werde, eine echte Jugendstillampe zu finden, sei er selbst Handwerker geworden und baue nun Lampen in Eigenregie zusammen. »Es sind alles Unikate«, versichert er. Hier und da zieht er eine Schublade auf und zeigt Halterungen aus Messing, Bronze und Kupfer. »Es wird immer schwieriger, Handwerker zu finden, die so etwas anfertigen. Zum Glück gibt es noch den Drechsler, der für mich schöne Lampenfüße macht.«

Mit etwas Phantasie und dem richtigen Maß schafft er Stücke, die so aussehen, als hätte es sie schon immer gegeben. Sei es das richtige Lämpchen für ein Bild oder der passende Wandleuchter für einen Kamin. »Wir lösen Probleme«, sagt er zufrieden und setzt gern die Dinge ins richtige Licht.

Adresse Via Legnano 32, 20121 Mailand, Tel. +39/02/6571948 | **Anfahrt** Metro M2, Haltestelle Moscova | **Öffnungszeiten** Mo – Sa 10 – 13 und 15.30 – 19.30 Uhr

98__SOTOW

Seltene Sitzgelegenheit

Vor 100 Jahren war dies noch ein Pferdestall. Die Tränke erinnert noch immer daran. Sonst ist nicht viel beim Alten geblieben. Heute »schweben« Paolo Calcagnis Stühle an der Wand, und ein Männlein, das auf einer Weltkugel über Italien sitzt, symbolisiert das Logo: SOTOW steht für »sitting on the top of the world«.

Vor nunmehr zwei Jahren begann der ehemalige Werberegisseur mit seiner neuen, sitz-ästhetischen Mission. Schon immer war er ein Bastler, baute seine ersten Stücke selbst. Inzwischen beauftragt er drei verschiedene Schmiede. Er entwirft Tische und vor allem Stühle, die an die Werke berühmter Designer erinnern. »Pontina« etwa, ein leichter Metallstuhl, ähnelt der »Superleggera« von Giò Ponti. Die Sitzpolster der ersten Exemplare waren aus Sneaker-Material gemacht. Die Message: »Mein Design ist nicht zu exklusiv, sondern ein Gebrauchsgegenstand.«

Die Inspiration nimmt Calcagni aus der Vergangenheit und projiziert sie dann in die Gegenwart. Design-Ikonen verändern sich farblich, sind aus anderem Material und zweckmäßig. Wie »Marcel«, eine Hommage an den Avantgardisten und Architekten Marcel Breuer – nur dass sich der Sessel jetzt zu einem bequemen Sitz für draußen entwickelt hat. »Paul« wiederum stellt einen Designmix zwischen einem Louis XVI. und einem Giò Ponti mit Armlehnen dar. Beide sind aus Metall gefertigt und zweifarbig. Für den Hinguckeffekt sorgen die harmonischen Farbkontraste: Die Sitzpolster sind bezogen mit toskanischem Rauleder in 80 verschiedenen Farben, gewebtem Bast von aussortierten Musterkollektionen für berühmte Modebrands oder Mesh, dem Material, aus dem eben Sneaker gemacht sind.

Calcagni arbeitet vor allem auf Bestellung. Der Kunde kann sich Farben und Bezüge aussuchen. Seit Kurzem wirkt er auch mit Lisa Corti und Mimma Gini zusammen, zwei berühmten Stoffdesignerinnen. So wird aus jedem Stuhl nicht nur ein Einzelstück, sondern ein Individuum.

Adresse Via Nerino 8, 20123 Mailand, Tel. +39/335/258642, www.sotow.it, info@sotow.it |
Anfahrt Metro M 1, M 3, Haltestelle Duomo | **Öffnungszeiten** Mo – Mi 9 – 19.30 Uhr,
ansonsten nach Vereinbarung

99__ Spazio Solari-Lunderskov

Die Verwandlungskünstler

Viele nach außen unscheinbare Tore bergen verwunschene Hinterhöfe der typischen Mailänder »Case di Ringhiera«. Das sind Häuser mit Innenhöfen und Außentreppen, die über einen gemeinsamen schmalen Balkon zu den einzelnen Wohnungen führen. Hier, im einstigen Handwerkerviertel der Navigli, haben zwischen den Kanälen Künstler und Kunsthandwerker ihre Hofateliers eröffnet.

Zwei von ihnen sind Anders Lunderskov und Michela Solari. Lunderskov verschlug es vor fast 30 Jahren nach Mailand. In seinen Arbeiten vereint der dänische Kunsttischler skandinavische Tischlerkunst mit italienischem Design und japanischen Einflüssen. Luftige Tabletts mit Intarsien hängen von der Decke und verzaubern durch ihre Leichtigkeit. Der Ebenist spielt mit Form und Funktion. Dabei kombiniert er verschiedene Holzarten: Bergahorn mit Kirsche; Edelholz mit Sperrholz – und erreicht den höchsten Grad an Ästhetik.

Mindestens so verspielt arbeitet seine Frau Michela Solari. Lange zeichnete sie für den Modeschöpfer Romeo Gigli und lehrt heute Modedesign an der Universität. Immer schon galt ihre Liebe Textilien, alten Techniken – und dem Reisen. Oft brachte sie vor allem aus Indien Stoffe mit. Nach vielen Jahren Theorie wandte sie sich auch der Praxis zu und begann Taschen und Schals herzustellen, die sie färbte, bemalte und an andere Läden verkaufte. Heute überzeugt ihre Kollektion durch simple, einzigartige Modelle: klassische Leinenhosen mit geradem Schnitt, Jacken, schlichte Kleider und Tops aus besonderen Stoffen – mal handgewebt, mal edel-alt, mal übermalt. Der Großteil wird in kleinen Schneidereien in Italien produziert. Manche Stücke lässt sie in Indien mit der antiken Kanthatechnik besticken. Italienische Formen mischen sich mit indischer Handarbeit. Vor zwei Jahren eröffnete Michela Solari den Showroom »Spazio Solari-Lunderskov«, in dem das Paar ihre Leidenschaft zur Verwandlungskunst voll zum Ausdruck bringt.

Adresse Via Ascanio Sforza 17, campanello 04/05, 20136 Mailand, Tel. +39/02/58113421, www.michelasolari.it, michelasolari@yahoo.it & www.anderslunderskov.com, info@anderslunderskov.com | **Anfahrt** Metro M 2, Haltestelle Porta Genova; Tram 3, Haltestelle Corso San Gottardo Via Lagrange | **Öffnungszeiten** Mi 10–19 Uhr und nach Vereinbarung

100___ Studio Ceramica Guido De Zan

Lebendiges Porzellan

Zwei Schritte vom Jugendtreff unter den 16 römischen Säulen von San Lorenzo – neben der gleichnamigen Basilika mit ihrer 16 Jahrhunderte alten Baugeschichte – liegt das Studio von Guido De Zan: magisch und geschichtsträchtig. Hinter einer minimalistischen Vitrine verbirgt sich seine Werkstatt. Hier arbeitet seit 37 Jahren der Soziologe und einstige Erzieher. Anfangs stellte er nur Gebrauchskeramik her. Mit der Zeit verwandelte er seine Werke immer mehr zu Skulpturen: Unikate aus Porzellan oder Steingut; Schüsseln, die aufgeschnitten und wieder zusammengesetzt wurden, bevor sie in den Ofen kamen.

Heute arbeitet De Zan kaum noch an der Töpferscheibe. Seine Werke sind meist in Plattentechnik hergestellt. Sie wirken wie auf Schablonen gemalt, denn des Meisters flache Vasen lassen ihre dritte Dimension erst bei näherem Hinsehen erkennen. Mit einem Bleistift skizziert er leichte Linien oder Formen darauf. Andere erhalten vor dem Brennen eine besondere Haut: Sie werden engobiert, mit einer feinen Mineraltonmasse beschichtet. Hierein ritzt Guido je verschiedene grafische Zeichen auf beide Seiten. »Meine Vasen sind Individuen mit zwei Gesichtern, genau wie Menschen: mit einer rationalen und einer emotionalen, einer weiblichen und einer männlichen Seite.« Er verwendet kaum Farben, nur Weiß, Schwarz, Grau, manchmal Blau. Die Vasen sind innen glasiert und geeignet für einzelne Blumen.

Darüber hinaus faszinieren Kunstobjekte wie die Abbildung des Mailänder Hochhauses Torre Velasca, grafische Arbeiten und etwas Schmuck. Ringe, Anhänger und Manschettenknöpfe aus Porzellan lässt De Zan in Bronze oder Silber fassen. Geheimnisvoll sind seine »teatrini«: Silhouettenhafte Gestalten, manchmal mit Hund oder Baum, stehen nah beisammen in bühnenhaften Kästchen. Man wagt nicht, zu applaudieren, die Aura zu stören – so still und lebendig ist es hier.

Adresse Via Pio IV 3, 20123 Mailand, Tel. +39/02/8322636, www.guidodezan.it, info@guidodezan.it | **Anfahrt** Bus 94, Haltestelle Colonne di San Lorenzo | **Öffnungszeiten** Mo 16–19 Uhr, Di–Sa 10–13 und 16–19 Uhr

101_ Surimono

Tabisocken bis Mädchenfest

Als Chiara Vicenzi und Renate Lè mit der Eröffnung des Ladens »Surimono« das Land des Lächelns nach Mailand brachten, waren sie Pioniere. Als leidenschaftliche Südostasienreisende brachte Chiara spannende Gegenstände und Kleidungsstücke mit, über die sie ihre Ausflüge finanzierte. So lernte sie Renate kennen, der damals ein Geschäft in Bologna gehörte. 1988, zu einer Zeit, in der man sich für alles begeisterte, was aus Fernost kam, eröffneten sie gemeinsam »Surimono« im Corso Monforte.

Der Laden ist klein, bietet jedoch auf engstem Raum eine umfassende Einführung in die japanische Welt mit ihren Farben und Traditionen: farbenprächtige Kimonos, Yukatas aus Baumwolle für den Sommer oder Haori – elegante Kimono-Überjacken aus Seide, die kunstvoll bemalt und dekoriert sind. Obi-Gürtel, hölzerne Getas und Tatami Zori, dazu Tabisocken mit abgeteiltem großen Zeh und seitlichem Häkchenverschluss komplettieren das Outfit. Accessoires: Fächer, Furoshiki-Tücher zum Einpacken und Tragen, Tenugui oder schmale Handtücher aus Baumwollstoff. Weiter gibt es alte Möbel sowie Puppenmöbel und Puppen für Hina-Matsuri, das Mädchenfest, Schalen und Schüsseln, gusseiserne Teekannen, Schmuckschatullen, kleinformatige Origamipapiere, japanische Kerzen und Räucherstäbchen. Beeindruckend sind die Kalligraphiematerialien, verschieden große Pinsel, Tusche sowie Tuschereibstein, die Papierbeschwerer und natürlich das geeignete Papier.

Die Abrundung bildet eine Auswahl an Glücksbringern: Manekineko, traditionelle Katzen, und Daruma für jeden Anlass.

Im Fokus stehen jedoch nicht nur stylishe Preziosen aus Japan, auch Schmuck und Kleidung aus anderen asiatischen Ländern entfalten hier ihre Pracht. Ein paar schlichte Hosen und Jacken zum Kombinieren mit ethnischen Kleidungsstücken werden von einer Strickerin in Mailand angefertigt. Das asiatische Rundumpaket: Aus jedem Land ein Grund zum Lächeln.

Adresse Corso Monforte 25, 20122 Mailand, Tel. +39/02/76001770, www.surimono.it, surimono@surimono.it | **Anfahrt** Bus 94, Haltestelle Via San Damiano Corso Monforte; Metro M1, Haltestelle San Babila | **Öffnungszeiten** Di–Sa 10–13.30 und 14.30–19 Uhr

102__ Tecnoelettrica Comoretto

Geld interessiert mich nicht

Seit über 70 Jahren steht Signora Ada Comoretto hinter dem Ladentisch. 16 Lenze zählte sie, als ihr Vater anno 1943 das Geschäft für Elektrozubehör eröffnete. Damals war die Gegend Peripherie mit Dorfatmosphäre. Heute gehört der Corso Como mit schicken Geschäften, Lokalen und Discos und dem angrenzenden neuen Hochhausviertel zu den trendigsten Straßen Mailands. Jeden Tag werden Signora Ada Unsummen für ihren Laden geboten, doch: »Solange ich lebe, möchte ich hier arbeiten. Dies ist mein Leben. Das Geld interessiert mich nicht!«

Tagein, tagaus führt sie in ihrem hellblauen Kittel das Geschäft – allein mit Sohn Roberto. Wenn er nicht hinschaut, klettert sie sogar noch die alte Leiter hoch, um etwas aus den hohen Regalen voller Kisten und Kästen hervorzukramen. Von der Decke hängen lauter Lampen. Unter dem Glas der hohen Ladentische sieht man Kipp- und Drehschalter, Lampenfassungen, Klingeltasten, Schrauben und Stecker. Jeder Kunde wird einzeln bedient und fachkundig beraten. Das Angebot hat sich mit der Zeit erweitert und wurde nur maßvoll »upgedatet«. So sind etwa kleine Elektrogeräte, Küchenzubehör, Messer und Handykabel hinzugekommen. Doch das Alte ist geblieben: von den schweren Holzmöbeln, den Porzellanfassungen bis hin zu jenem gestrigen Charme und der Kundenfreundlichkeit, wie sie andernorts längst ausgestorben sind.

Es kommen Innenarchitekten, die wissen, dass sie nur noch hier bestimmte Fassungen, Birnen und mit Stoff überzogene, geflochtene Kabel in mehr als 100 Farben finden. Es kommen auch Elektriker, Ausländer, die Adapterstecker brauchen, Hobbybastler oder Hausfrauen.

Ein elegant gekleideter Herr gerät in Entzücken, als er zuschaut, wie Signora Ada jede einzelne Birne an einem Gerät aus dem Jahr 1943 testet, ehe sie sie wieder in ihre Schachtel packt. »Signora, Sie dürfen bitte nie die Spuren der Zeit löschen.« Signora Ada schmunzelt.

Adresse Corso Como 11, 20154 Mailand, Tel. +39/02/6599495 | **Anfahrt** Metro M 2, Haltestelle Garibaldi | **Öffnungszeiten** Mo−Sa 9−13 und 15−19 Uhr

103 Tortatelier

Maßgeschneiderte Kuchen

Was machen zwei Freundinnen um die fünfzig, die es satthaben, im Büro hinter einem Computer zu sitzen? Sie beginnen ein »Second Life«. Einfach ist das nicht, aber mit vereinten Kräften geht es! Nina Almonte war Artdirector und Albertina La Rocca Producer in einer großen Werbeagentur. Albertina hat schon immer gern gebacken, und Nina hat sich stets künstlerisch betätigt. Diese Passionen legten sie zusammen. Sie besuchten verschiedene Torten-, Back- und Cakedesignkurse und eröffneten vor knapp zwei Jahren ihr »Atelier« in der Via Maroncelli. Es ist eine enge Straße, in der sich in den letzten Jahren Vintagedesignläden, Boutiquen mit ausgefallener Mode und Galerien angesiedelt haben. Der Laden ist klein. Ein Tischchen mit zwei Sesseln aus einem der Nachbargeschäfte lädt zum gemütlichen Plausch ein. Durch eine große Glaswand sieht man den beiden bei der Arbeit zu.

Die Auslage ist nicht groß. Hinter der Theke steht ein Tablett mit einer, vielleicht auch zwei Torten, Muffins, Brownies, Keksen und »Cakepops«, kleine Kuchen am Stiel. Das sind die »Prêt-à-porter-Kuchen«, die es immer gibt. Aber eigentlich wird hier fast nur »maßgeschneidert«. Man bestellt genau das, was man will, bespricht die Größe, die Ingredienzen, die Dekoration, die Farben. Ob man kristallgezuckerte Blumen möchte oder lieber Tierchen in Pastellfarben, bunte Lettern oder auch ganz klassische Torten, auf denen nur eine in Schokolade getunkte Birne liegt. Es werden riesige Hochzeits- und bunte Geburtstagstorten gebacken und dekoriert. So bunt sie auch sein mögen, kommt es den beiden jedoch auf gute Zutaten an. Es werden nur Bioeier und -zitronen verwendet. Das Mehl kommt aus einer besonderen Mühle, die Schokolade aus Belgien. Ihre Dauerrenner sind Sachertorte mit Himbeergelee und Muffins mit Apfel und Lavendel.

Und was nicht verkauft wird? Das bekommt die Tafel der Franziskanermönche von nebenan.

Adresse Via Maroncelli 9, 20124 Mailand, Tel. +39/02/62087669, www.tortatelier.it, info@tortatelier.it | **Anfahrt** Metro M 2, Haltestelle Garibaldi; Tram 2, 33, Haltestelle Via Farini Via Ferrari | **Öffnungszeiten** Mo und Di 11–19 Uhr, Mi–Sa 9–19 Uhr

104_ Turi

Leben für Schuhe

Schuhe richtig pflegen will gelernt sein. Es erfordert Sachverstand und Fürsorge. Hier riecht es nicht nur nach Wachs und Leder, sondern auch nach Tradition. Das dunkle Mobiliar, die Bilder an der Wand – alles wirkt very british.

Anfang der 1960er Jahre eröffnete Salvatore Zappalà, alias »Turi«, die Schusterwerkstatt in der Via Cerva. Sein Sohn Roberto Zappalà übernahm 1990 den kleinen Laden und tritt in die Fußstapfen seines Vaters – und des Großvaters, der damals Maßschuhe anfertigte. Mit seiner Frau bietet er Pflege und Reparatur von Schuhen und Stiefeln – allerdings keinen Expressdienst. Für größere Reparaturen haben sie eine Werkstatt außerhalb.

Hier – zwischen dem Dom, dem »Goldenen Dreieck« und dem Justizpalast – werden die Jimmy Choos, Caovillas, Hermès, John Lobbs und Co. nur geputzt und »aufgemöbelt«. Juristen, Politiker und feine Herren kommen mit ihrem edlen, oft handgefertigten Schuhwerk zu Roberto. »Vor allem Männer lieben ihre Schuhe und lassen sie regelmäßig zur Kur hier.« Dann werden die ledernen Schätze gereinigt, genährt, gewienert und revitalisiert. Man nimmt sich Zeit für diese Maquillage der alten Divas. In braunen Brottüten mit hellblauen Namensschildern warten sie dann auf ihre Besitzer.

Alles, was ein Schuh für seine Reinigung, Pflege oder Schutz braucht, finden Sie hier: angefangen bei einer großen Auswahl an verschiedensten hölzernen Schuhspannern, die manchmal auch teurer als ein normaler Schuh sein können; Putz-, Wildleder-, Staub-, Polier- und vielerlei mehr Bürsten, Pasten, Pomaden, Cremes in allen Farben. Fette, Öle, Wachs, Imprägnierungsmittel, Färber, Entfärber. Accessoires wie Schnürsenkel, elegante Schuhlöffel und diverse Einlegesohlen sowie eine exquisite Auswahl an verschiedenen Schuhmodellen.

Ja, sogar Restauratoren holen sich bei Turi ihr Wachs für die Wiederbelebung von alten Bucheinbänden. Denn: Hier liest man die Welt zu Fuß.

€ 6,80

Adresse Via Cerva 19, 20122 Mailand, Tel. +39/02/76002947, www.turilacccielucidi.net,
turimilano@hotmail.com | **Anfahrt** Metro M 1, Haltestelle San Babila | **Öffnungszeiten**
Mo−Sa 10.30−19 Uhr

105__Urzì

Leben für Leder

Fabio Urzì hat sein Metier im Blut. Von klein auf waren er und seine drei Schwestern mit ihren Eltern auf Antik- und Flohmärkten. Seit 30 Jahren führt seine Mutter einen Laden mit Kleidern aus dem 19. Jahrhundert bis zu den 1950er Jahren; sein Vater besitzt ein Geschäft mit Lampen und Möbeln aus derselben Zeit. Schon als Schüler arbeitete Fabio bei ihm mit, begeisterte sich für Design und studierte Architektur.

Vor zehn Jahren begann er, selbstständig auf Märkten Möbel zu verkaufen. »Das ist harte Arbeit, denn es ist mit viel Schlepperei verbunden. Meine Schwestern sind andere Wege gegangen.«

Dann kam der Tag der Wende: Ein Richter schenkte ihm wunderbare alte Taschen und Schuhe seiner verstorbenen Frau. Die waren nicht so sperrig und schwer wie die Möbel und verkauften sich sehr gut. Seitdem hat sich Urzì auf Taschen, Koffer und Lederwaren – alles Vintage – spezialisiert.

Vor drei Jahren eröffnete er in einem alten Palazzo an einer Seitenstraße von Brera seinen eigenen kleinen Laden. Er kaufte sich eine antike Nähmaschine und lernte Leder zu restaurieren. Ihn fasziniert vor allem das Design alter Taschen. Viele, die er aufspürt, kommen aus unbekannten italienischen Handwerksbetrieben der 1950er und 1960er Jahre; dann gibt es natürlich auch Stücke von Gucci, Hermès oder Vuitton. Er findet sie auf Floh- und Antiquitätenmärkten – da kennen ihn seine Kollegen von Kindesbeinen an – oder er bekommt sie von Privatleuten. »Jede ist anders, jede hat ihren eigenen Stil, ist anders genäht und verarbeitet. Es sind Individuen«, erzählt Urzì mit leuchtenden Augen, und alle brauchen sein Händchen. Mit Skalpellen und Zahnarztbesteck repariert er die alten Stücke und erweckt mattes, sprödes Leder zu neuem Leben. Er fügt Veränderungen hinzu, denn »es sind doch Gebrauchsgegenstände, und die müssen in erster Linie praktisch sein«. Sagenhaft schön sehen sie dann allerdings schon aus, fast wie neu.

Adresse Via Ciovasso 6, 20122 Mailand, Tel. +39/38/99796657, fabiourzi@gmail.com |
Anfahrt Metro M 1, Haltestelle Cairoli, M 2, Haltestelle Lanza, M 3, Haltestelle
Montenapoleone | **Öffnungszeiten** Mo 15.30–19.30, Di–Fr 10–13 und 15.30–19.30 Uhr

106 La Vecchia Cesteria

Jedem seinen Korb

Vor über 100 Jahren, als die Vecchia Cesteria hier eröffnete, gab es im Hof einen Pferdestall, den Schmied, den Kohlenmann, Wäschefrauen, kleine Handwerksbetriebe und Läden. Damals spannte der Korbhändler jeden Tag sein Pferd vor einen riesigen, voll beladenen Wagen und fuhr in die Stadt, während seine Frau das Geschäft hütete. Die Zeiten haben sich geändert; nichts von alledem ist geblieben – bis auf den Korbladen. In ihm ist die Zeit stehen geblieben, nur die Zahl der Waren hat zugenommen.

Beim Eintreten bimmelt eine große Kuhglocke über der Tür. Übervolle Regale bis zur Decke mit allen nur erdenklichen Handelsgütern stehen mitten im Raum und bilden enge Schneisen, in denen man sich aneinander vorbeidrängeln muss, und Kavernen, in denen nur ein oder zwei Personen stehen können. Von der Decke hängen Lampen, Korbsessel, Vogelkäfige, ein Fahrrad aus Bambus, Einkaufskörbe. Man stößt sich den Kopf an sizilianischen Marionetten und bekommt einen steifen Hals vom vielen Hochschauen. Überall quellen Dinge hervor, nützliche wie Bürsten, Besen und Wäscheklammern oder Massageroller, Möbel aus Bambus und Rattan, bunte Seifchen, Strohhüte oder -fächer, Dekorationen für jeden Anlass. Unbeschreiblicher Kitsch ist darunter, Krippen und Vasen aus Terrakotta, dazwischen handgefertigte venezianische Masken, Straußeneier und -federn. Ein erstaunliches Sammelsurium!

Simone Ceccarini klettert Leitern hoch und kramt Kataloge hervor, um zu zeigen, was man in dem Gewirr gar nicht sieht. »Wir reparieren alles, was mit Korbgeflechten zu tun hat«, merkt er an. Toll sind auch die vielen Körbe aus Rattan, Weidenruten, Palmenblattrippen oder Schilf – in allen Größen und Formen: winzige Bonbonnieren, Füllhörner, besondere Körbe, um zu sieben, säen, trocknen; Fahrrad-, Hunde-, Picknick-, Baby- und Wäschekörbe. Man kann sie gar nicht alle aufzählen.

Sicher ist: Hier bekommt jeder einen Korb.

Adresse Via Benedetto Marcello 93 (Eingang von der Via Petrella), 20124 Mailand, Tel. +39/02/29400214, www.lavecchiacesteria.it, info@lavecchiacesteria.it | **Anfahrt** Metro M 2, Haltestelle Caiazzo | **Öffnungszeiten** Di–Sa 9–19 Uhr; falls der Laden geschlossen ist, empfiehlt sich ein Anruf.

107 __ Vibram Fivefingers

Zeigt her eure Füße

Komisch sehen sie schon aus. Ein bisschen wie Froschfüße. Neugierde und Heiterkeit erwecken sie bei den Menschen, denen man mit ihnen begegnet. Robert Fliri aus Südtirol hat sie erfunden. Der naturverbundene Holzfäller begann ein Studium an der Akademie für Design in Bozen. Im Rahmen seines Studiums zum Projekt »Sport is fun« kam er auf die Idee, einen »Schuh« zu entwickeln, mit dem man das Ge(h)fühl des Barfußlaufens erleben konnte. Aus alten Badeanzügen nähte er den ersten Prototyp. Den entwickelte er dann weiter, sodass aus dem ersten »Fußschuh« dank seines Kontakts zum Sohlenhersteller Bramani (Vibram) ein innovativer Sportschuh wurde. Das gelbe Vibramlogo kannte man bis vor Kurzem nur für abriebfeste Schuhsohlen aus Gummi, wie bei soliden Bergschuhen üblich. Vitale Bramani, selbst Bergsteiger, hatte sie nach einem Bergunglück 1937 patentiert.

Im kürzlich eröffneten Vibram Fivefingers bekommt man inzwischen viele verschiedene Modelle der Zehenschuhe in lauter Farben, bei denen jedem Zeh eine separate Kammer zukommt. Auch Fivefinger-Socken gibt es. Diese lustigen Leisetreter sind ein rudimentärer Schutz vor Kälte und scharfen Gegenständen und ermöglichen das Barfußlaufen. Das Anziehen allerdings will gelernt sein. Man streift sie wie ein Handschuh über die sich sträubenden Zehen. Und nun kann man direkt im Geschäft jeweils auf einem halben Quadratmeter probieren, wie sich Kiesel, Gras, größere Steine und »Waldboden« anfühlen. Das neue Laufgefühl ist gewöhnungsbedürftig. Man spürt die Bodenbeschaffenheit und die Temperatur, hat nicht den gewohnten Halt und bekommt Muskelkater an unbekannten Stellen im Fuß. Das Laufen ohne Dämpfer ist ungewohnt. Das natürliche Laufen will von Neuem erlernt werden. Doch wer die erste, buchstäblich harte Phase überwunden hat, schwört auf das neue Feeling. Man fühlt sich der Natur verbunden, als ob nichts an den Füßen wäre.

Es ist doch mehr barfuß als Schuh.

Adresse Via Raffaello Sanzio 6, 20149 Mailand, Tel. +39/02/36528461, www.vibramfivefingers.it | **Anfahrt** Metro M1, Haltestelle Buonarotti | **Öffnungszeiten** Mo 15.30–19.30 Uhr, Di–Sa 10.30–13.30 und 15–19.30 Uhr

108__ Vino al Vino

In Vino Socialitas

Schon als Antonio Rollo Erzieher für autistische Kinder war, besuchte er Sommelierkurse. 2005 kam ihm die Idee in seiner »Enolibreria« – Bücher und Weine zusammen zu verkaufen.

Das Buch »Vino al Vino« von Mario Soldati, das eine Reise durch ganz Italien auf der Suche nach Weinen, Landschaften und ihren Menschen beschreibt, brachte ihn auf den Namen seiner Önothek. Wein war für den Autor Ausdruck von Natur und Kultur einer Gegend: Die Philosophie für Rollos 2008 eröffneten Weinladen Vino al Vino.

»Ein Wein ist nicht Kind eines Önologen oder Herstellers, sondern seiner Erde.« Folglich hat er ganz Italien auf der Suche nach authentischen Weinen bereist. Sein stiller Traum ist es, »Italiens Sozialgeschichte anhand des Weines« zu erzählen. Denn überall im Land gab es Reben. Anfang des 20. Jahrhunderts emigrierten zahllose Italiener und verließen ihre Weinhänge. In den 1960er Jahren kauften viele ausländische Investoren Weingebiete in der Toskana auf.

In den letzten Jahren hat man begonnen, unbekannte Weine wiederzuentdecken und aufzuwerten. Hochinteressant sind die Tropfen, die aus vulkanischen Gebieten stammen wie etwa vom Ätna – oder die Weine aus der Valtellina, die auf Terrassen bis zu einer Höhe von 1.000 Metern angebaut werden. Auch die Tropfen der Umgebung von Ghemme und Gattinara im Norden des Piemont sind lohnend.

Unter den etwa 350 italienischen, 150 französischen und spanischen Weinen sowie den 50 Champagnern in der Önothek sind viele rar und unbekannt, da sie von kleinen Erzeugern kommen. »Wir wollen gegen die Mode der Etikettentrinker angehen, die mehr aufs Äußere als auf den Inhalt achten.«

Abends setzen sich hier die Weinfreunde an die großen Holztische. Alle Weine können ohne Aufpreis probiert werden. Dazu gibt es Käse und Aufschnitt. Außer bei Livekonzerten hört man hier keine Musik, denn der Wein allein soll gesellig machen: In Vino Socialitas.

Adresse Via Gaspare Spontini 11, 20131 Mailand, Tel. +39/02/29414928, www.enotecavinoalvino.it, rollo.antonio@fastweb.it | **Anfahrt** Metro M1, Haltestelle Lima, M1, M2, Haltestelle Loreto | **Öffnungszeiten** Mo–Sa 9.30–24 Uhr, So 16.30–23.30 Uhr

109___Yoga Shop

Die Farbe Lila

Mitten im Verkehrschaos gegenüber der Darsena, dem ehemaligen Hafenbecken, bei den Navigli ruht in sich der Yogashop. Auf dem lila umrahmten Schaufenster steht: *ferma il corpo ... osserva la mente.* – »Lass den Körper ruhen ... beobachte den Geist«.

Beim Betreten des Ladens tauchen Sie in ein stimmungsvolles Farbenmeer ein – der erste Schritt zur Entspannung. Lila, die Farbe der Spiritualität, Meditation und Hingabe sowie warmes Gelb sind die hier dominierenden Chakrafarben – ihnen wird eine stimulierende und heilende Wirkung auf Körper und Geist zugesprochen.

Der zweite Schritt zum entspannten Üben ist eine große Auswahl an Hilfsmitteln: diverse Yogamatten in allen Größen; rutschfeste Unterlagen sowie Gurte, Blöcke aus Holz, Kork oder Gummi – zum Strecken und Dehnen. Meditations- und Yogakissen in unterschiedlichen Formen mit Dinkelspelz-, Buchweizen- oder Kapokfüllungen wirken wohltuend für den Nacken. Die Akupressurkissen lindern Kopfschmerzen und sollen sogar bei Schlafstörungen helfen. Nasenduschen, Tees, Bücher, Trainings-DVDs und CDs mit heilenden Mantragesängen und Meditationsmusik sowie eine Auswahl an bequemer Kleidung runden das Angebot für Yogabegeisterte ab. Eine Ecke gilt dem Pilateszubehör mit Pilatesbällen, -blöcken, -matten, -rollen und Stretchbändern.

Cinzia Benedetti und Andrea Fontana – beide praktizierende Yoginis – haben sich vor zehn Jahren entschieden, selbst einen Laden zu eröffnen, als es schwierig war, Hilfsmittel für Yoga und Meditation zu finden, und füllten damit eine Marktlücke. Neben Verkauf bieten sie Beratung und Informationen über Seminare. Yogaschulen, -lehrer und Menschen im Meditationsmodus aus ganz Italien bestellen hier, meist online. Und auch Nicht-Yogis und -Yoginis schauen rein, auf der Suche nach einem originellen Geschenk.

Wer also genug von hupenden Autos und dröhnenden Motorrädern hat, ist hier eingeladen, sich entspannt inspirieren zu lassen.

Adresse Viale Gabriele D'Annunzio 25, 20123 Mailand, Tel. +39/02/89077749, www.yogashop.it, info@yogashop.it | **Anfahrt** Metro M 2, Haltestelle Porta Genova; Tram 9, Haltestelle Piazza Ventiquattro Maggio | **Öffnungszeiten** Di–Sa 10.30–19.30 Uhr

110__Zagara
Der Süden im Norden

Seit 14 Jahren lebt die Sizilianerin Stefania Quagliata Vender in Mailand. Ihre häufigen Reisen zurück in die alte Heimat brachten viel Schönes mit sich. Zunächst versuchte Stefania, ihre sizilianischen Schätze in einem Temporary Shop zu verkaufen. Mit Erfolg. Im September 2014 eröffnete sie einen festen Laden, in dem sie Sizilien in all seinen Facetten repräsentieren möchte: »Zagara«. So nennt man in ihrer Heimat die Zitronen- und Orangenblüten. Die Wände ließ sie gelb wie die sizilianische Sonne streichen, bereiste die Insel kreuz und quer und entdeckte neue Welten: Entlegene Dörfer, in denen noch gestickt und gehäkelt wurde wie vor 100 Jahren, oder »Masserie« – Bauernhöfe –, die kulinarische Spezialitäten nach traditioneller Art herstellen.

So findet man bei Zagara bunte, handbemalte Keramik aus Caltagirone und Santo Stefano di Camastra, beide berühmt für ihre Töpferkunst, Tischdecken, Handtücher und Bettüberwürfe mit Makrameespitzen, auf Wunsch maßgefertigt. Oder Jacken, Kimonos und Schals, ebenfalls bestickt und bemalt. Große Kaktusfeigen aus Stoff stechen ins Auge, die ein Arzt aus Catania in seiner Freizeit fabriziert. Auch Möbel und Lampen gibt es hier, die nach einer alten französischen Technik mit Leder überzogen werden. Geklöppelte Ohrringe aus Mirabella Imbaccari, der Klöppelstadt par excellence, bedienen das Bedürfnis nach Filigranem. Auch Schmuck, der an sizilianische Traditionen erinnert, oder die »Coppole«, sizilianische Schirmmützen, sind hier zu haben.

Von den Äolischen Inseln Salina und Vulcano kommen die Biokosmetikprodukte sowie in Salz eingelegte Kapern, Malvasia aus Vulcano. Öl, Wein und Liköre von kleinen Herstellern, Marmeladen, Honig, Fischkonserven und sizilianische Kochrezepte.

Stefania Qualgiata möchte das »Made in Sicily« in allen seinen Formen vertreten und empfiehlt touristische oder kulinarische Touren. Hier lebt der Süden im Norden.

Adresse Via San Nicolao 2, 20123 Mailand, Tel. +39/335/6288782, www.zagaramilano.com, zagara@zagaramilano.com | **Anfahrt** Metro M 1, M 2, Haltestelle Cadorna |
Öffnungszeiten Mo 15–19 Uhr, Di–Sa 10–19 Uhr

111_Zeus

Ein Stuhl ist ein Stuhl

Über die Rampe einer ehemaligen Garage aus den 1950er Jahren steigen Sie in einen großen, lichtdurchfluteten Raum, dem Design Store von Zeus. Seine Geschichte beginnt vor etwa 30 Jahren, als eine Gruppe abenteuerlustiger Freunde ein Galeriegeschäft für Mode, Design und Kunstausstellungen gründete. Sie schufen ihr eigenes Label »Zeus«. Schon im ersten Jahr organisierten sie eine Art »Fuori Salone«, eine Parallelveranstaltung zur Mailänder Möbelmesse. Ein Riesenerfolg! Ein Jahr später stellte in ihrer Galerie eine Gruppe junger Designer aus, die bald berühmt wurden, wie etwa der Möbeldesigner Ron Arad.

Design trat immer mehr in den Vordergrund. Neu war, dass sie alles selbst in die Hand nahmen: vom Projekt, Organisation über die Herstellung der Möbel in enger Zusammenarbeit mit den Handwerkern bis zum Verkauf.

Nach zehn Jahren durchfeierter »All Night Long Parties« während der Mailänder Möbelmesse beschlossen Maurizio Peregalli und Nicoletta Baucia, sich von Mode und Kunst ganz zu verabschieden. Sie zogen ins obere Stockwerk der himmelblauen Garage im Corso San Gottardo. Aus der bunten Galerie wurde eine solide Möbelfirma. Die größtenteils von Maurizio Peregalli selbst gezeichneten Tische, Stühle, Konsolen und Regale werden in kleinen Handwerksbetrieben in Vignola hergestellt, auch noch Stücke der ersten Stunde wie »Sedia« oder »Tavolo«. Ihr Name bezeichnet in aller Schlichtheit das, was sie sind: »Stuhl« und »Tisch«. Ebenso minimalistisch ist das Design geblieben. Als Materialien dienen Stahl und geschwärztes, gewachstes Metall; für die Oberflächen oft auch Linoleum. Die neuesten Kreationen sind wärmer, aus naturbelassenem Holz, kombiniert mit Metall oder – wie bei der Linie »Rusty chic« – aus Eisen.

Seit Kurzem stellen drei weitere Marken bei Zeus aus: »Prandina« mit Lampen, »Woodnotes« mit Produkten aus gesponnener Papierschnur und »Shuj« mit Bettwäsche und Seidenduvets. Schön ist schön.

Adresse Corso San Gottardo 21/9, 20136 Mailand, Tel. +39/02/89401198, www.zeusnoto.com, zeus@zeusnoto.com | **Anfahrt** Tram 3, Haltestelle Corso San Gottardo Via Lagrange, Tram 9, Piazza Ventiquattro Maggio | **Öffnungszeiten** Mo–Fr 10–19 Uhr, Sa 10–18 Uhr (Juni–Sept. Sa nur nach Vereinbarung)

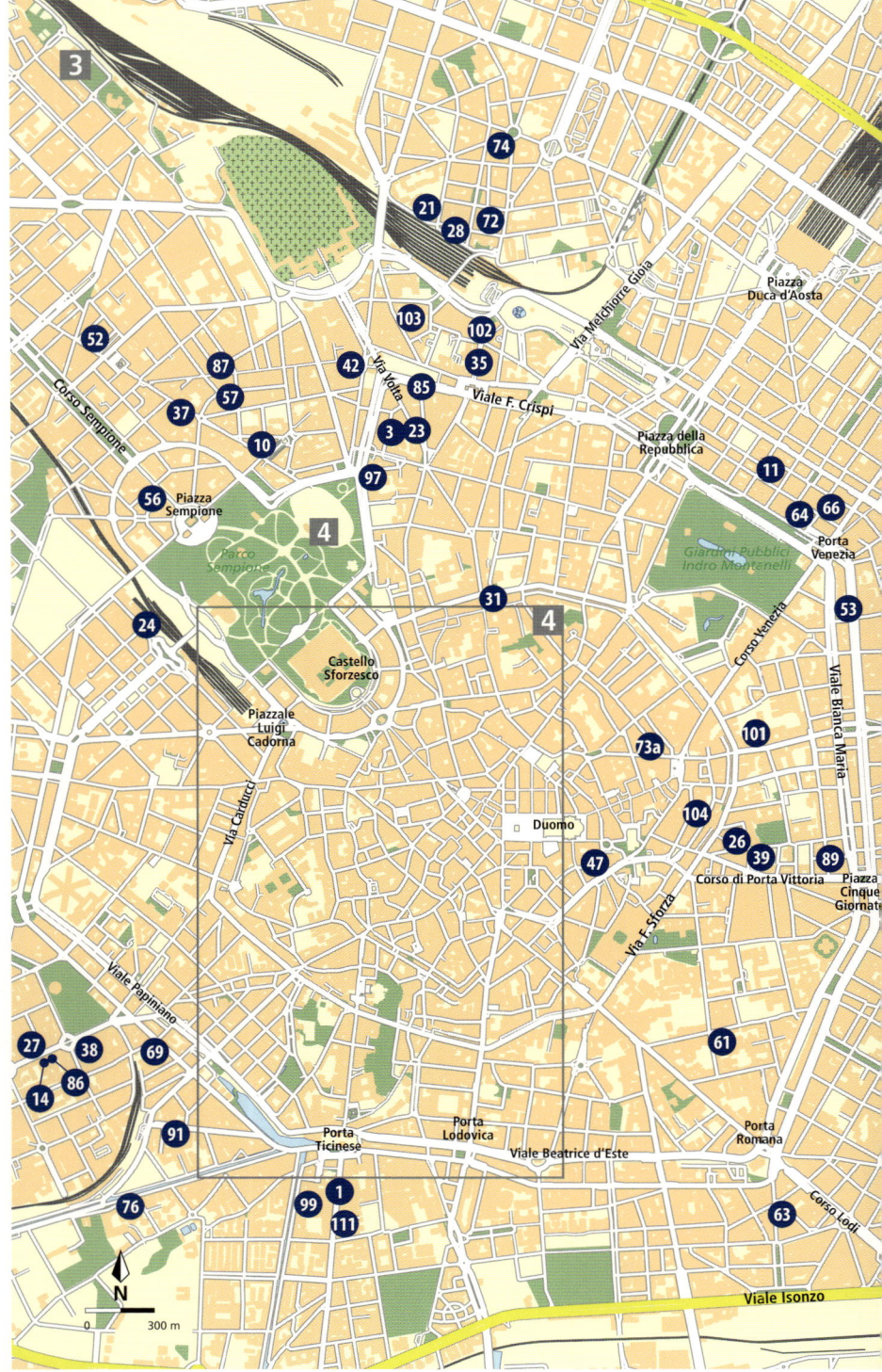

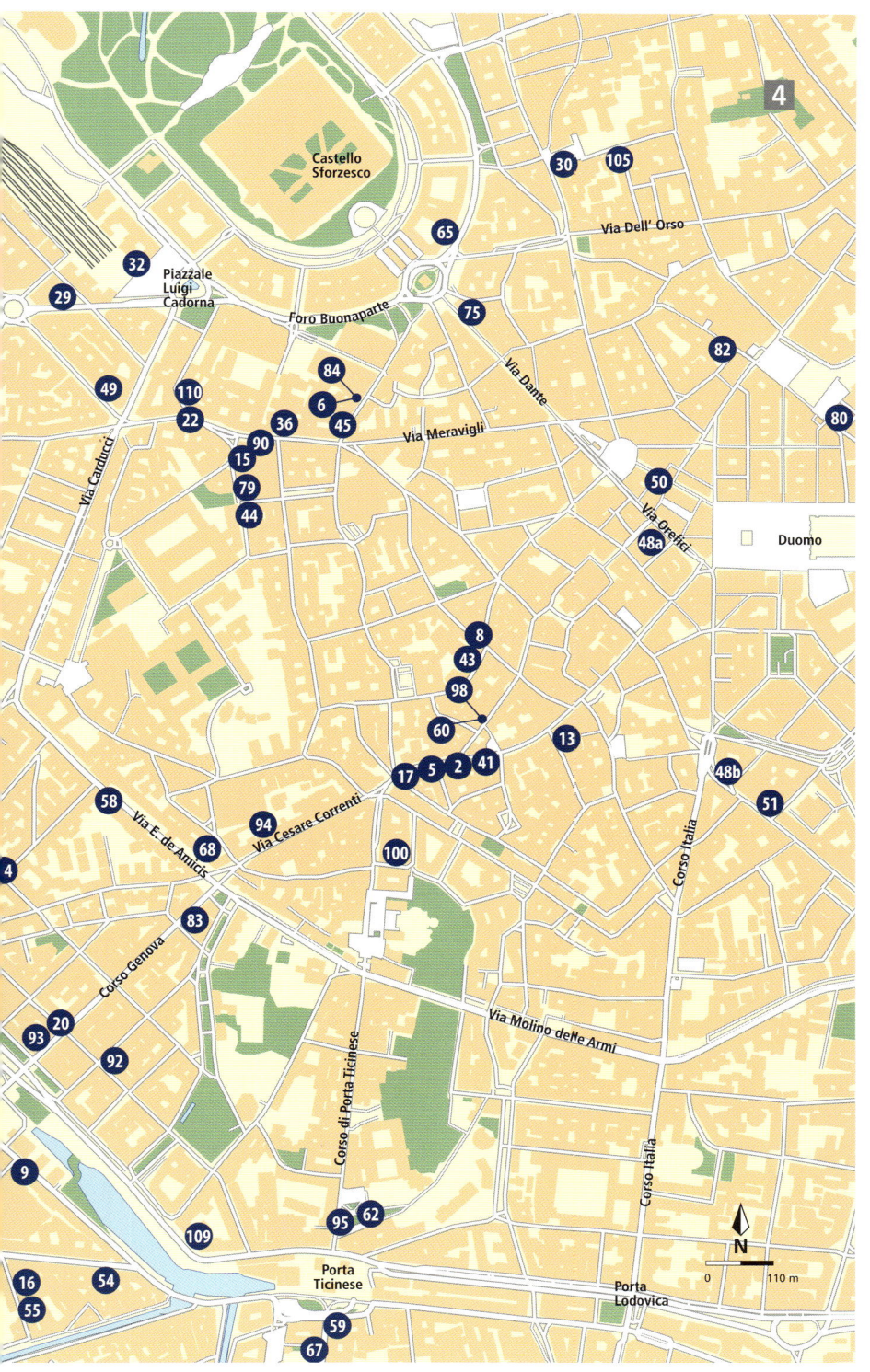

Alexandra Brücher-Huberova
**111 GESCHÄFTE IN MÜNCHEN,
DIE MAN ERLEBT HABEN MUSS**
ISBN 978-3-95451-204-1

Paul Klein
**111 GESCHÄFTE IN HAMBURG,
DIE MAN ERLEBT HABEN MUSS**
ISBN 978-3-95451-218-8

Nicoletta Cascio, Brigitte Cordes
**111 GESCHÄFTE IN ROM, DIE MAN
ERLEBT HABEN MUSS**
ISBN 978-3-95451-317-8

Kirstin von Glasow
**111 GESCHÄFTE IN LONDON,
DIE MAN ERLEBT HABEN MUSS**
ISBN 978-3-95451-340-6

Dagmar Sippel
**111 GESCHÄFTE IN PARIS, DIE MAN
ERLEBT HABEN MUSS**
ISBN 978-3-95451-458-8

Mark Gabor, Susan Lusk
**111 GESCHÄFTE IN NEW YORK,
DIE MAN ERLEBT HABEN MUSS**
ISBN 978-3-95451-455-7

Sandra Rauch, Julia Seuser
**111 GESCHÄFTE IN NÜRNBERG,
FÜRTH UND ERLANGEN, DIE MAN
ERLEBT HABEN MUSS**
ISBN 978-3-95451-457-1

Patricia Schmidt-Fischbach, Ralph Bergel
**111 GESCHÄFTE IN BERLIN,
DIE MAN ERLEBT HABEN MUSS**
ISBN 978-3-95451-334-5

Katrin Hofmann
**111 GESCHÄFTE IN WIEN,
DIE MAN ERLEBT HABEN MUSS**
ISBN 978-3-95451-618-6

Giulia Castelli Gattinara, Mario Verin
**111 ORTE IN MAILAND,
DIE MAN GESEHEN HABEN MUSS**
ISBN 978-3-95451-617-9

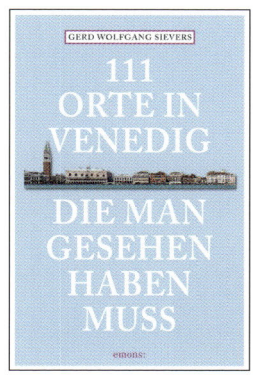

Gerd Wolfgang Sievers
**111 ORTE IN VENEDIG,
DIE MAN GESEHEN HABEN MUSS**
ISBN 978-3-95451-352-9

Annett Klingner
**111 ORTE IN ROM,
DIE MAN GESEHEN HABEN MUSS**
ISBN 978-3-95451-219-5

Die Autorin

Als Tochter einer deutschen Mutter und eines britischen Vaters wuchs Aylie Lonmon dreisprachig in Italien auf. In Mailand lebte, studierte und arbeitete sie als Lehrerin, Übersetzerin und Reisebuch-Autorin gut ein Dutzend Jahre lang. Heute lebt sie mit ihrem italienischen Mann auf dem Land nördlich von Mailand. Regelmäßig zieht es sie in die Metropole, wo sie immer wieder gern auf Entdeckungsreise durch die sich stetig wandelnde Stadt geht.

Zu Ihrer Information:

Manche Geschäfte schließen in Italien im August.
Bitte informieren Sie sich auf der Homepage.